être soi
dans un monde difficile

Révision : Caroline Yang-Chung

DISTRIBUTEURS EXCLUSIFS :

· Pour le Canada et les États-Unis :
MESSAGERIES ADP*
955, rue Amherst
Montréal, Québec H2L 3K4
Tél. : (514) 523-1182
Télécopieur : (450) 674-6237
* Filiale de Sogides ltée

· Pour la France et les autres pays :
INTERFORUM
Immeuble Paryseine, 3, Allée de la Seine
94854 Ivry Cedex
Tél. : 01 49 59 11 89/91
Télécopieur : 01 49 59 11 96
Commandes :   Tél. : 02 38 32 71 00
                 Télécopieur : 02 38 32 71 28

· Pour la Suisse :
INTERFORUM SUISSE
Case postale 69 - 1701 Fribourg - Suisse
Tél. : (41-26) 460-80-60
Télécopieur : (41-26) 460-80-68
Internet : www.havas.ch
Email : office@havas.ch
DISTRIBUTION : OLF SA
Z.I. 3, Corminbœuf
Case postale 1061
CH-1701 FRIBOURG
Commandes :   Tél. : (41-26) 467-53-33
                 Télécopieur : (41-26) 467-54-66
                 Email : commande@ofl.ch

· Pour la Belgique et le Luxembourg :
INTERFORUM BENELUX
Boulevard de l'Europe 117
B-1301 Wavre
Tél. : (010) 42-03-20
Télécopieur : (010) 41-20-24
http://www.vups.be
Email : info@vups.be

**Catalogage avant publication de
Bibliothèque et Archives Canada**

Allain, Carol

    Être soi dans un monde difficile

    1. Actualisation de soi.   2. Morale pratique.
I. Titre.

BF637.S4A424 2005   158.1   C2005-940111-7

Pour en savoir davantage sur nos publications,
visitez notre site : **www.edhomme.com**
Autres sites à visiter : www.edjour.com
www.edtypo.com · www.edvlb.com
www.edhexagone.com · www.edutilis.com

Gouvernement du Québec - Programme de crédit
d'impôt pour l'édition de livres - Gestion SODEC -
www.sodec.gouv.qc.ca

L'Éditeur bénéficie du soutien de la Société de
développement des entreprises culturelles du Québec
pour son programme d'édition.

Le Conseil des Arts du Canada
The Canada Council for the Arts

Nous remercions le Conseil des Arts du Canada de l'aide
accordée à notre programme de publication.

Nous reconnaissons l'aide financière du gouvernement
du Canada par l'entremise du Programme d'aide au
développement de l'industrie de l'édition (PADIÉ) pour
nos activités d'édition.

01-05

Dépôt légal : 1ᵉʳ trimestre 2005
Bibliothèque nationale du Québec

ISBN 2-7619-1973-4

carol allain

être soi
dans un monde difficile

LES ÉDITIONS DE L'HOMME

Remerciements

- À Valérie-Anouk Côté, pour sa lecture attentive, à diverses étapes, de ce texte, ainsi que pour ses commentaires judicieux et ses encouragements durant les mois d'écriture ;
- à Paule Roberge, Sylvie Robitaille, Jacques Gagnon, Georges Larivière, Yves Allaire, Simon Gosselin et Frédéric Houtin, avec qui les rendez-vous intellectuels n'ont jamais manqué ces dernières années ;
- à tous mes auditoires lors de mes conférences, avec qui s'élaborent sans concession les questions portant sur le développement des savoirs et les comportements humains, et qui m'ont encouragé à publier ce manuscrit ; pour nos échanges renforcés depuis l'écriture de *Changez d'attitude* ;
- aux parents des différentes écoles primaires et secondaires de la province que j'ai eu l'immense plaisir de rencontrer pour partager des réflexions sur le thème issu de mon dernier livre : *Enfant-roi* ;
- à tous ceux et celles qui m'ont écrit ces dernières années et qui m'ont apporté la contribution de leur vaste expérience de vie. Qu'ils en soient remerciés ;
- à Constance Allain qui m'a offert ses commentaires toujours aussi limpides, avec qui j'ai discuté de mes réflexions sur la condition humaine et qui a su me donner envie d'apporter une tournure plus complexe à mon discours ;
- enfin, à tous les êtres rencontrés par hasard, au gré des jours, entre le salon de thé et les endroits inusités, et qui ont su inspirer ma pensée et qui se sont révélés des compagnons sensibles et avisés tout au long de l'écriture de ce présent ouvrage.

À tous ceux pour qui « Être soi » signifie plus que tout.

*Beaucoup de gens ont l'impression
que ce n'est pas vraiment leur vie qu'ils vivent,
mais celle qui leur a été suggérée.*

Introduction

Nous sommes consternés de nos rechutes,
et de voir que nos malheurs mêmes n'ont pu
nous corriger de nos défauts.

VAUVENARGUES (1715-1747)

Accorder son comportement aux conseils d'autrui,
c'est se faire faire des vêtements à la mesure des autres.

JOHAN HENRIK KELLGREN (1751-1795)

On ne sait jamais ce que le passé nous réserve...

FRANÇOISE SAGAN (1935-2004)

Une époque d'incertitude et d'angoisse

Nous vivons un temps marqué par l'illisibilité des perspectives. Cette époque d'incertitude sera la toile de fond du livre que vous êtes convié à lire.

Le siècle présent, pris entre le passé de l'avenir, n'est ni l'un ni l'autre, mais ressemble à la fois aux deux. À chaque pas que l'on fait, on ne sait si l'on marche sur une promesse ou sur un débris de notre civilisation. Notre époque vit dans l'illusion de la thérapie. L'illusion que l'on peut guérir de tout. Un idéal hygiéniste de bonheur s'est introduit dans nos mœurs. À la racine du mensonge se trouve l'image idéalisée que nous avons de nous-mêmes et que nous souhaitons imposer à autrui. Il nous faudrait, ici, être attentifs aux conséquences d'une telle attitude.

Trop de gens vivent dans une angoisse sans nécessité, enlisés dans la confusion. Ils confondent privilèges et droits, objectivité et subjectivité, vœux et volonté, désirs et besoins, prix et valeur, abondance et satisfaction, réalité et apparence, ressemblance et égalité. Les gens se font beaucoup souffrir inutilement.

Un temps de contradictions et de perte de sens

Nous vivons dans une société où chacun est, du point de vue des valeurs, son propre souverain. Nous sommes moins confrontés à la question de l'interdit qu'au problème du choix parmi des possibilités quasi illimitées. De ce point de vue, « être soi » est un défi qui correspond à la difficulté de définir son identité face à un horizon d'attentes.

C'est l'ère de la purge générale : refus des contraintes, déni des frontières entre vie privée et vie publique, etc. Le nouveau luxe pourrait bien correspondre à cette envie : s'affranchir de toute entrave. Et en quoi est-on jeté ? Dans l'insoutenable légèreté de l'être (petit clin d'œil à Milan Kundera). Par conséquent, on n'est pas condamné à la liberté, mais à la frivolité. On se « vide » partout et cela soulage tout le monde. « Rien de grave », juste une rupture. Adolescents troublés, drogués de l'Internet, accros aux soldes sont des « espèces en voie d'augmentation ». Nous sommes plus déraisonnables, mais également plus raisonnables, de par cette anxiété qui nous pousse à une prudence exagérée. C'est le propre des sociétés super-individualistes, flottantes, sans égard pour les acquis du passé et dans lesquelles chacun — bien qu'en apparence livré à sa propre liberté — est soumis, en fin de compte, à des injonctions paradoxales. Lesquelles ? D'un côté, l'individu se doit de s'amuser et de jouir de l'instant présent ; de l'autre, il est appelé à veiller à sa santé, à s'assurer de sa sécurité, à surveiller ses faits et gestes, à anticiper l'avenir. D'une part, il veut s'évader, se détendre ; d'autre part, on exige de lui qu'il soit toujours plus performant, plus efficace, plus rapide. De fait, sous la pression imposée par les normes de santé, de sécurité et d'organisation, vivre dans le moment présent devient de plus en plus difficile. Malgré toutes les formes de divertissement qui nous sont offertes, nous souffrons davantage de malaises existentiels et les cas de dépressions se multiplient. Tout devient objet à arbitrage, à planification, à correction, y compris les plaisirs. Face à toutes les options qui s'ouvrent à nous, nous risquons de nous effondrer. Le poids est trop lourd.

On devient… obèse de tout ! L'individu explose s'il essaie de tout choisir, s'il tente de tout comprendre. À trop se poser de questions, n'est-il pas normal d'être pris de vertige ? Nous n'avons qu'à considérer la diversité des formes de psychopathologies contemporaines pour comprendre que nos sociétés actuelles sont peut-être sur le point de perdre leur âme.

L'ère de la réussite obligatoire et de la solitude

Tout se passe comme si nous avions succombé au culte de la réussite et de la complaisance. N'est-ce pas là, selon le mot de Jean Baudrillard, payer un lourd tribut à « (l')idéal de maximisation de soi-même, de chantage à la performance, de réalisation inconditionnelle de l'être humain comme programme » ?

C'est dans cet esprit que je dénonce l'annihilation de soi dans la quête reconnaissance. Ce qui doit nous faire réfléchir, en effet, c'est la direction que cette orientation peut faire prendre à l'humanité. La réflexion éthique est un exercice délicat. Elle ne doit pas tant chercher à trouver des coupables qu'à comprendre ce qui nous amène à percevoir les opinions des autres comme des vérités. N'y a-t-il pas dans le «voyeurisme» contemporain quelque chose comme l'œil de «l'âme sociale»? C'est dire l'ampleur de la tâche qui se présente devant nous.

L'individu est éduqué avec l'idée que le plus important dans la vie arrivera toujours dans l'avenir. Les sociétés modernes souffrent d'un dérèglement dans leur rapport au temps. Une contradiction majeure les travaille. Il leur faut de plus en plus se projeter dans le futur pour survivre et prospérer. Par contre, les grands schémas de pensée et de représentation à long terme semblent s'être effondrés et la mondialisation, ainsi que l'apparition de nouvelles technologies, imposent aux sociétés la logique du «temps réel» et l'horizon du court terme. Cette tyrannie de l'urgence constitue un obstacle à l'établissement de projets à long terme et, par là même, à l'idée de projet collectif.

Spinoza disait: «Le bonheur consiste pour l'homme à vouloir conserver son être.» Mais nous pouvons ajouter que si nous n'avons pas d'égards pour les autres, nous ne pouvons vivre avec nous-mêmes. C'est pourquoi il est nécessaire d'écouter celui qui nous contredit: ses motifs ont des raisons qui s'inscrivent dans son passé, sa culture, son rapport au monde, et qui, dès lors, nous éclairent sur notre propre jugement.

Très précisément, ce livre veut indiquer une tendance de fond de la vie postmoderne: la liaison entre ce que je suis et ce que les autres veulent que je devienne. Les individus sont déconnectés du réel, tels des spectateurs hébétés; ils cessent d'agir et ne font plus qu'attendre l'opinion des autres pour guider leurs propres «choix». Comme le témoigne Betty Friedan: «Il est plus facile de vivre à travers quelqu'un d'autre que de devenir totalement soi-même.» Nous en voulons plus à autrui de connaître nos défauts qu'à nous-mêmes d'en être affectés. La témérité des jugements que nous portons sur les autres est en lien direct avec les illusions que nous entretenons par rapport à nous-mêmes.

Où sont passés les adultes ? Une surcharge de mémoire et de souvenirs nous empêche-t-elle de créer de nouvelles valeurs ? Je voudrais partager avec vous l'étrange paradoxe qui m'a frappé : il n'existe aucun rapport, d'une part, entre les hommes et les femmes avec qui je parle — leurs soucis, leurs désirs, leur sensibilité face à la vie et face à autrui, leur vision de la vie — et, d'autre part, la saisissante réalité médiatique qui tente de nous enfoncer à coup d'images ce à quoi nous devons adhérer, sous peine d'être exclu de la scène sociale. Tous ceux qui ont à s'exprimer se sentent nécessairement déchirés entre deux logiques non seulement différentes, mais contradictoires : celle de la vie et celle de son « abstraction » qui en est, en réalité, la trahison. Sans doute essaient-ils d'abord de croire que cette désagréable distorsion est une question d'approche, de perspective, de langage. Peu à peu, cette illusion se dissout : il faut choisir. Qu'ils le veuillent ou non, qu'ils l'aient choisi ou non, ils deviennent alors, de par leur constat, en marge de la société contemporaine. Orwell écrivait : « En ces temps d'imposture universelle, dire la vérité est un acte révolutionnaire. »

Les gens qui modèlent leur personnalité pour plaire aux autres sont bel et bien légion. Les intéressés eux-mêmes sont persuadés du bien-fondé d'une telle oppression, au fur et à mesure qu'on leur montre quels bénéfices secondaires leur soumission leur apporterait.

Ces individus seront floués deux fois : d'abord par la contrainte, ensuite par une prétendue morale qui les bouclera en eux-mêmes pour les rendre irrémédiablement dociles. Mais eux aussi seront inévitablement confrontés, à un certain moment, à des contradictions qui mettront en évidence le caractère mensonger de ce qu'ils vivent.

Nous en sommes là, écrasés par le développement d'une technologie du paraître faisant presque office de religion.

Être soi, malgré tout ?

Notre société a perdu son fil directeur. Cette perte de sens est, certes, triste, mais elle constitue également une occasion de renouveau. Achevons donc sur un pari : et si c'était par la rigueur de la pensée et l'établissement de nouveaux rapports entre les individus que devaient se fonder de nouvelles et meilleures façons de vivre ? Et si aux sociétés du paraître devaient succéder des sociétés du savoir ? Nous verrons dans cet ouvrage la nécessité de renforcer notre système de valeurs et d'édifier la société des esprits, après avoir freiné le dérapage qu'entraînent les médias, affectant l'ensemble de la société. Il faut travailler à la refonte de nos propres discours pour concilier la recherche d'un universel avec la conscience de la multiplicité de nos héritages. Il faut nous rebâtir une éthique. L'éthique, principe moteur d'une société, se base sur un sens de responsabilité chez les individus. C'est cette responsabilité que chacun doit regagner.

Le hasard sépare les esprits. Ceux qui épousent le hasard assument la modernité de leur situation. En revanche, ceux qui fuient cette réalité et qui se mettent à la recherche de nécessités sont les nouveaux réactionnaires.

Reste à retourner toutes les cartes. Reste à repartir de soi-même, de l'amitié des autres, de l'amitié pour les autres. Reste à affronter ce conditionnement mental qui ne cesse d'accumuler des adeptes. Invitons-les à la table de la pensée.

Les chapitres qui vous sont présentés démontreront l'urgence de réagir collectivement. L'ombre alarmante de l'inconscience sociale s'est étendue et s'étend encore ! Nous sommes soumis aux demandes paradoxales de parents, amis, conjoints, collègues, thérapeutes, artistes, médias, qui nous enjoignent de faire mieux, mais ne souhaitent pas être eux-mêmes dépassés. Ce qu'il nous faut absolument, c'est un peu de réflexion personnelle !

Arthur Rimbaud, dans une lettre à sa famille (4 août 1888), écrivait : « Le plus triste... est dans la crainte de devenir peu à peu abruti, soi-même, isolé qu'on est et éloigné de toute société intelligente. »

Se révolter, protester, contester : voilà ce dont ne sont capables que ceux qui s'estiment suffisamment eux-mêmes. Je me révolte contre tous ces regards, ces jugements hâtifs, ces tape-à-l'œil, contre tous les usurpateurs. Coupons les fils qui mènent au récepteur, débranchons-nous de la pensée unique et proclamons notre droit d'être moche, vulnérable, insaisissable. Fichons le camp sans attendre ! Devenir soi-même, c'est aussi se perdre dans ses propres folies, au lieu de s'égarer dans les folies des autres.

Il nous faut aller de l'avant, à tout prix. Et que faire si nous ne savons pas quelle direction prendre ? Alors partons sans destination. Avoir de la volonté est déjà un don du ciel, un talent très rare.

Chapitre 1

Je deviens ce que je ne suis pas

*Jamais il n'y eut une telle possibilité de connaissance
et une telle probabilité d'obscurantisme.*

Boris Rybak (1930-2003)

*On ne comprend absolument rien à la civilisation moderne
si l'on n'admet pas d'abord qu'elle est une conspiration
universelle contre toute espèce de vie intérieure.*

Georges Bernanos (1888-1948)

Je suis devenu à moi-même une question.

Saint Augustin (1804-1869)

L'individu face à lui-même

Cette grande question a déjà été posée à la Renaissance : à partir du moment où la religion n'est plus au centre de l'organisation de la société, comment va-t-on justifier le contrôle des passions humaines ? De nos jours, c'est tout l'Occident qui ne remplit plus son rôle. À l'époque, une réponse avait été fournie par le retour à la notion de valeur universelle. C'était, avec la relecture des textes de l'Antiquité, la redécouverte d'une morale laïque fondée sur l'intérêt général. Maintenant, l'individualisme poussé à l'extrême — « Le monde s'écroule, mais jouissons ! », « *No future* ! » — fait partie, à mon sens, des absurdités de la modernité. Les gens ont besoin d'être reliés. Aujourd'hui, le marché, l'économie, sont l'unique ciment qui joint les individus entre eux. Et faire jouer au commerce le rôle de liant social, c'est peut-être intéressant et excitant pour un professionnel du secteur, mais très dangereux pour le reste de la société.

Ce ne sont plus tellement les institutions, mais la désinstitutionnalisation et le nivellement de la société en un ensemble sans aspérités et ce ne sont plus les traditions, mais le sentiment d'absence de repères qui menacent de détruire l'individu. Les penseurs s'accordent à reconnaître qu'une fragilisation des normes et une désocialisation grandissante sévissent. L'individu est dorénavant livré à lui-même. Il est rendu vulnérable, car seul avec sa vie — comme s'il était privé de ressources psychiques, culturelles, morales et religieuses. C'est pourquoi le « malaise dans la civilisation » décrit par Freud au siècle dernier aurait une tout autre allure aujourd'hui. Le mécontentement qui régnait à cette époque au sein de la population était dû à l'excès de contraintes sociales. De nos jours, c'est, au contraire, l'absence de bornes qui incommode. Si le malaise d'hier favorisait les états névrotiques, celui d'aujourd'hui engendre des personnalités fragiles et floues au caractère plus ou moins psychotique, qui ont parfois du mal à entrer en relation avec les réalités extérieures. On retrouve parmi elles des personnalités immatures (voyeurisme, exhibitionnisme, sadomasochisme), *borderline* (instabilité, manque d'authenticité, manque de continuité), ou de structures perverses.

Nous aurions tous plusieurs raisons de nous inquiéter de ce brouillard qui nous entoure. Nous ne savons plus où nous allons. Nous nous éparpillons. Le citoyen est réduit au rôle de consommation-spectateur-actionnaire.

Le négativisme

Il est temps de songer à notre situation. Mais la réflexion qui s'impose n'est certainement pas encouragée par tous. En ce moment, nous sommes interpellés par une foule d'informations nous invitant à ne pas penser, à ne pas comprendre. On scrute à la loupe nos moindres déplacements, nos moindres envies, nos moindres angoisses, nos façons de vivre, de bouger, de parler. L'anxiété est le mot le plus souvent utilisé dans les médias. Le monde pharmaceutique en retire de précieux bénéfices. En trois mots, *ne bougez plus!* La culpabilité est l'autre concept qui nous accompagne partout et toujours. Nous n'avons plus le droit de nous sentir bien; seule l'anxiété serait, selon les médias, fondée. Comme le précise Christophe André dans son livre *Vivre heureux* (Odile Jacob, 2003): «L'anxiété est une vision et une lecture du monde: on perçoit le quotidien comme plein de menaces, et on consacre la plupart de son attention et de son énergie à les surveiller, à les anticiper et à tenter de prévenir les risques.»

En plus des médias qui nous poussent au négativisme, les gens que nous côtoyons de près (la famille, les amis, les loisirs) ou de loin (le milieu de travail, le milieu environnant) nous influencent dans ce sens. Maintenant, lorsque nous entrons au travail, on nous demande de moins en moins «Comment allez-vous?», «La famille se porte bien?», mais on nous dit plutôt «Vous semblez fatigué!», «Ça ne va pas?», «Qu'est-il arrivé à vos cheveux?» ou «Vous devriez prendre des vacances...» Ce besoin de trouver quelqu'un contre qui protester. Dès les premières minutes de notre entrée en scène au travail, nombreux sont ceux qui cherchent consciemment à balancer par-dessus bord notre quiétude, notre bonne humeur, voire notre vie. Sans précautions, sans même nous connaître et sans remords aucun, on nous lance en pleine face des regards qui tuent, on nous traque dès notre réveil, on nous jette des propos qui ne nous concernent même pas, mais qui servent à soulager quelque peu l'émetteur de ses frustrations. Nous sommes convoqués à un tribunal de préjugés et de moratoires. Tout cela s'opère, le plus souvent, sous un couvert d'hypocrisie. Que pouvons-nous dire de cette nouvelle habitude d'appeler tout le monde par son prénom ? Cette illusion d'intimité ne sert qu'à excuser le manque de bienséance dont on fera preuve à notre égard.

Notre simple *bon sens* est immédiatement banalisé ou attaqué par quelqu'un qui, au hasard, s'amuse à défaire l'ordre de nos priorités personnelles. La haine, l'envie, le désir ou la vengeance lient souvent bien mieux deux individus l'un à l'autre que ne peuvent le faire l'amour ou l'amitié. Ainsi va la vie quotidienne ; querelles et confrontations d'idées font partie du jeu. Face à tant d'attention de la part des autres — bien que celle-ci soit négative —, il faudrait se demander pourquoi on considère l'indifférence comme la vérité ultime des relations humaines.

Un peu d'anxiété, une vision incertaine du futur, tout cela est légitime. Là où le bât blesse, c'est que notre être lui-même est constamment remis en question ; on cherche à nous diminuer en tant qu'hommes, en tant que femmes, en tant qu'êtres humains, en tant que pères ou mères, en tant que membres de la société. Nous ne sommes plus que des grains de sable dans l'univers, parés d'un héritage culturel qui n'est que manipulation de futilités, et pris dans un tourbillon qui ne conduit plus ni à une vieillesse dorée ni au paradis.

Si la société ne nous permet pas de nous affirmer totalement, en tant qu'individu unique, c'est à NOUS de voir ce qui nous définit et de l'exprimer au travers de diverses activités qui NOUS correspondent.

Un monde d'illusions

Ce chapitre peut sembler insidieux, présomptueux ou simplement hasardeux. Je vous donne ici mon avis : l'apparente simplicité de notre existence est une illusion et le symptôme d'un oubli de soi. La vie est faite de rebondissements, d'échanges imprévus. Elle n'a rien de simple ni de prévisible. Saint Augustin en était venu à cette prise de conscience radicale : « Je suis devenu à moi-même une question. » Je veux souligner l'absurdité des choses. Moi-même, je ne m'appartiens pas. Face à la complexité de la vie, nous sommes condamnés à l'impossibilité d'être convaincus de quelque chose. Lorsque nous admettons que la vie n'est pas aussi simple que nous l'aurions d'abord souhaité, nous nous ouvrons à la réflexion ; ainsi jaillit en nous une intériorité jusque-là silencieuse.

Cependant, tous ne peuvent aisément accepter cette réalité. Se limiter à une routine est une manière de se simplifier l'existence (au prix de la rendre plus fade et moins enrichissante, bien entendu). Quand nous réduisons notre vie à la répétition d'une série d'automatismes, nous ne discernons plus les liens que nous avons avec le monde qui nous entoure. Nous regardons toujours les mêmes choses, nous sommes habités des mêmes pensées et des mêmes sentiments, nos actions s'accomplissent selon des procédures toujours identiques. Notre existence est stéréotypée, dans ce monde où tout est prévu et calculé d'avance. C'est alors que la recherche de spiritualité devient nécessaire ; la spiritualité n'est, ni plus ni moins, que de tenir compte de la globalité de la vie.

Réalisant que l'homme postmoderne est, en général, insatisfait et angoissé, nombreux sont ceux qui en profitent pour leur vendre de l'évasion et du rêve. Nous fantasmons tous autour de ce qui est grand (espace), unique (accessoires, biens matériels), rare (œuvres d'art), effervescent, majestueux. L'image de l'unicité hante l'imaginaire collectif. Parmi nos contemporains, plusieurs sont convaincus que s'approprier l'espace, le temps et les objets comme bon leur semble, sans discernement et parfois au détriment de la collectivité, c'est se développer au point de vue personnel. La vérité est que plus l'humanité prendra du retard dans sa lutte vitale contre le règne crépusculaire de la marchandise et des images hypnotisantes, plus le monde sera devenu impropre à la réalisation de ses désirs véritables, même les plus modestes.

« Apprendre à comprendre », tel que Claude Lévi-Strauss le formulait, demeure le défi auquel nous serons tous confrontés. Pour reprendre les propos de Spinoza : « Ne pas railler, ne pas pleurer, ne pas détester, mais comprendre. » Posons-nous la question suivante :

à quoi consacrons-nous le plus de temps libre, aux émotions-chocs (agitation permanente, distraction) ou aux émotions-contemplatives (nature, douceur, lenteur)?

L'émotion-choc éclipse l'émotion-contemplative. Nous nourrissons-nous d'oubli? Faisons-nous partie de ceux qui ont perpétuellement besoin d'un ailleurs; sommes-nous de ces globe-trotters qui trouvent leur dose d'adrénaline dans le vagabondage? Ou encore, faites-vous partie de ceux qui préfèrent les voyages intérieurs et qui se mettent sans cesse dans des situations psychologiquement extrêmes?

La religion a été remplacée par le culte du moi. Mais comme nous l'avons vu, le fait de donner la primauté à l'ego est lourd de conséquences. N'est-ce pas dans la volonté de dépasser ce malaise que pourrait se trouver le sens de la quête d'identité?

La quête d'identité demande beaucoup de réflexion. Les commerçants exploitent cette situation pour proposer des identités toutes faites. Depuis la transformation du jeune homme et de la jeune fille en «teenagers» dans les années 1960, on ne compte plus les conceptions de la jeunesse inventées puis promues par les marchands. Avides de transformer la génération du baby-boom en consommateurs précoces, ceux-ci ont radicalement altéré notre perception des différents âges de la vie. L'obligation de consommer et de se conformer au modèle proposé par la publicité ne cesse de transformer, depuis presque un demi-siècle, les jeunes gens et les adultes en êtres hybrides tenant de l'enfant et du vieillard. Nous sommes devenus à la fois des enfants cyniques et des vieillards naïfs... sans expérience de la vie, mais déjà désillusionnés!

Les médias fixent les priorités morales sans conséquences ni sanctions. Ils cherchent avant tout non pas à informer, mais à renforcer le caractère compulsif de la vie sociale. Pousser à la névrose pour avoir sur le monde de plus en plus de pouvoir, voilà la raison d'être du monde médiatique. Les médias cherchent avant tout à créer le déséquilibre, le dérapage, l'illusion, de manière que les consommateurs soient pris dans une sorte d'escalade où leurs références sont continuellement remises en question. Notre culture audiovisuelle sature de plus en plus les esprits.

Qu'est devenu le jeune premier d'antan, le héros fougueux et valeureux? Où sont passés la jeune vierge, l'homme à la fleur de l'âge vigoureux et responsable, le patriarche à la barbe blanche ? Ces différentes catégories sont devenues obsolètes ! Après l'explosion, en 1968, de ce que l'on a appelé le « conflit des générations », teenagers et retraités sont aujourd'hui réunis dans un même groupe, celui des consommateurs. Il n'y a plus ni jeunes, ni vieux, ni fous, ni sages...

Et nous voici plongés dans une dépendance aux biens matériels, aux nouvelles tendances, prisonniers des derniers diktats du marché.

Ce nouveau consommateur demeure toujours centré sur sa propre personne, bien qu'il pense ne pouvoir atteindre le bien-être qu'à travers le regard d'autrui. Ce que je voudrais démontrer, c'est à quel point le conformisme ambiant peut cacher, chez les individus qui s'y laissent prendre, des orientations personnelles et sociales éloignées. La soumission au regard d'autrui repose sur des contradictions qui résulteront finalement sur une expansion de l'individualisme, avec les conséquences qui s'ensuivent.

Ce n'est pas tant que nous sommes emportés par l'oubli, la fatigue ou l'incompréhension de ce que nous avons été ; le problème est plutôt que nous sommes pris d'assaut par un système qui tente de nous contraindre à nous « réinventer » sans cesse en nous modelant au goût du jour.

À peine sortis de l'enfance, les adolescents sont portés à penser que toute chose est illusoire, que la condition humaine ne recèle que néant et qu'il importe, avant tout, de se cramponner à ce qui est offert, de suivre les exigences du temps, pourtant perpétuellement fluctuantes.

C'en est ainsi du tourbillon de la vie actuelle. On entend continuellement des messages d'alarmes exhortant l'individu à se dépêcher de tout jeter par-dessus bord — méditation, réflexion silencieuse, pensée apaisante —, sinon, il sera trop tard pour faire partie de l'expédition de la génération qui se met en route à l'instant. Hélas oui, c'est affreux. Et pourtant tout, tout vise à nourrir cette hâte insensée, cette poursuite infernale. Et malheur à quiconque risquerait de tenter de faire contrepoids à une telle tendance ! La présente génération émet une exigence tyrannique : chaque individu doit être compris sur-le-champ — de là l'importance pour l'individu d'être facilement

« identifiable » en se conformant à un groupe. La patience est une vertu calomniée — peut-être parce qu'elle ne trouve pas sa place, en pratique, dans un tel contexte.

Les années 1980 associaient la vie au renoncement, à la méfiance et les années 1990, à l'ego, au style, aux innovations technologiques. Alors que les tensions se multiplient, s'accélèrent, interfèrent les unes avec les autres, les années 2000 célèbrent le plaisir individuel comme étant le luxe extrême. Les objets, moyens d'exhibition, jouent un rôle dans une fausse quête de soi. Sur la carte du tendre irrationnel, la dimension affective prend une importance telle que les bijoux et les vêtements deviennent des identités empruntées ; les parfums, des élixirs d'auteurs ; les musiques, des orientations de vie. Les collections de maquillage, les soins de beauté, n'échappent pas à cette mise en scène de l'intime. Pour les jeunes, la liberté consiste à choisir ses contraintes. Pour les adultes, tout est soumis aux lois du marketing. L'explosion du marché des compléments alimentaires en témoigne. On vient chercher dans les pharmacies de quoi mincir, améliorer sa forme ou son moral ; on ne fait presque plus appel à ce qui est « naturel ».

On peut soutenir qu'aucune société n'a jamais été autant soumise que la nôtre à la tyrannie de la mode et, de ce fait, livrée à la versatilité d'un arbitraire non assumé. Le tatouage et le « piercing » en fournissent une nouvelle et amusante illustration. Les sociétés anciennes utilisaient ces mutilations corporelles pour témoigner de leur appartenance au groupe. Ce marquage, souvent cruel, était le rituel d'initiation obligatoire pour accéder à la « tribalité » (l'équivalent de la citoyenneté pour les sociétés anciennes). Aujourd'hui, c'est « librement », au contraire, que les jeunes (et moins jeunes...) recherchent une originalité qui se perd néanmoins dans une banalité anonyme et insignifiante. Cette référence au monde ancien ou primitif de l'homme moderne est ironique. En effet, alors que les gens, de nos jours, souffrent de boulimie consumériste — du besoin sans cesse renaissant et jamais satisfait de produits toujours nouveaux qui paraissent nécessaires à la vie, des antidépresseurs aux téléphones portables —, les sociétés traditionnelles, et plus encore les sociétés primitives, ignorent l'insatiabilité des besoins, bien que l'envie et l'avidité y existent, comme partout.

La disparition du passé

Dans un laps de temps moins long que celui qui nous sépare de Montaigne ou de Shakespeare, il ne restera plus sur Terre aucun souvenir de ce que fut l'art ou la science, la joie ou l'enthousiasme, la noblesse de l'action, de la pensée et des sentiments. Tout cela disparaîtra pour le compte du paraître. La simple joie d'être là à respirer, à contempler le monde, sera remplacée par le fantasme de l'ailleurs, de ce qu'il y a de plus jeune, de plus beau, de plus mince. Certes, la chose peut paraître lointaine encore, mais pour tous ceux qui voient la folie qu'un tel avenir représente, la mélancolie n'en est pas moins profonde ni la douleur moins poignante.

Dans le monde actuel, on a le sentiment que les cultures, les traditions, les rites, les mythes fondateurs, les vérités révélées et les croyances collectives disparaissent, que les tabous sautent pour livrer le monde à ce que Marcel Gauchet a décrit comme un *désenchantement*. Nous sommes dans un monde profane et le religieux qui subsiste est en sursis. Le sacré, l'invisible, le spirituel sont marginalisés, relégués de plus en plus dans la sphère du privé. De même que les cultures, ils sont menacés d'être considérés comme appartenant au domaine du folklore.

Nous constatons donc la fin effective ou potentielle des diversités culturelles totalisantes et rassurantes. Ce cycle historique s'achève dans un immense désarroi. De plus en plus, des ego emmurés dans leur solitude se laissent emporter par le moindre vent comme des papillons douloureusement conscients de leur précarité, voire de leur inutilité. Ils se perdent dans un mélange d'hédonisme, de panthéisme, de stoïcisme, dans toutes les sortes de spiritualité à la mode qui parlent d'un monde infini, incréé, où tout change. Leur seul but est alors de souffrir le moins possible. Être « bien dans sa peau » semble devenu le critère du bien-vivre.

L'humanité passe aujourd'hui par un état d'urgence. Nous sommes bien immergés dans une période de profond nihilisme. Toutes les conditions sont réunies. Qu'est-ce que le nihilisme? Ce n'est pas synonyme d'apocalypse. Cela n'exclut même pas une provisoire aisance matérielle. On peut parler de nihilisme lorsque l'Histoire perd son sens. C'est quand tout s'use avant d'être utile et tout s'évacue avant d'être consommé. Dans une période nihiliste, on voit plus de jeunes décrocheurs que d'habitude, plus de violeurs, plus de pères de famille assassins. On a alors peur pour les générations à venir et pour le monde que l'on va leur laisser ; on est sûr que demain sera pire qu'aujourd'hui. En un temps de nihilisme, on ne peut même pas se raccrocher à l'espoir d'une société non pas idéale, non pas heureuse, mais simplement meilleure.

L'utopie utilitariste

Dès 1776, Adam Smith avait, selon lui, prouvé le caractère naturel du capitalisme. Au nom d'une « certaine propension de la nature humaine à troquer et échanger une chose contre une autre », il avait formulé une loi universelle assimilant optimum collectif et rencontre des égoïsmes économiques : « Ce n'est pas de la bienveillance du boucher, du brasseur ou du boulanger que nous attendons notre dîner, mais du souci qu'ils ont de leur propre intérêt. Nous ne nous adressons pas à leur humanité, mais à leur amour propre, et nous ne parlons jamais de nos propres besoins, mais de leurs avantages. »

L'auteur venait de commettre une erreur... prophétique. Il voulait être l'anthropologue d'un monde où règne une liberté universelle et permanente ; il fut en fait l'annonciateur de la meule industrielle et marchande. « Aucune interprétation erronée (...), écrivit le grand économiste Polanyi, ne se révéla aussi annonciatrice de l'avenir. »

Une telle utopie utilitariste faisant de l'homme un animal économique fondamentalement calculateur favorisa la montée de la société de marché et la mondialisation. Désormais seules la peur et la faim des uns, et la soif de profit des autres devaient régir la vie économique.

L'actuelle mondialisation nous rejoue un air connu, celui du capitalisme sauvage du XIXe siècle. À cette époque, on assista à des tentatives ambiguës pour humaniser ou civiliser une économie de marché déchaînée. La bonne société, déjà, n'était pas totalement insensible à la misère des classes ouvrières ni à la menace représentée par celles-ci, rebaptisées « classes dangereuses ». Dans le paternalisme du patronat chrétien des débuts de l'industrialisation et dans l'entreprise citoyenne et éthique d'aujourd'hui, on retrouve plus ou moins les mêmes ingrédients. Pis encore, la mondialisation permet l'internationalisation des peurs (baisse de la natalité, pollution, maladies comme le sida, etc.). La mondialisation se base sur un système inconséquent dans lequel, techniquement, tout est possible mais où, concrètement, rien de constructif ne le devient.

Il faut produire et consommer autrement. Mais que d'interrogations dans cet *autrement*. Ce qui a progressé, ce n'est pas l'homme, ce sont les institutions dont il s'est doté, les discours qu'il a forgés, bref, tout ce qu'il a inventé pour se protéger de lui-même. Reste à savoir quelles solutions de remplacement nous avons.

Le monde du travail a bien changé. Dans l'entreprise de type taylorien, la contrainte s'exerçait sur les corps, le temps et l'espace. Dans l'entreprise moderne, l'objet du contrôle tend à se déplacer du corps à la psyché et l'effort mental remplace en grande partie le travail physique. Plutôt que d'encadrer les corps, on cherche maintenant à canaliser les pulsions et à dominer les esprits. La discipline, l'autorité, le respect des procédures sont remplacés par la mobilisation, l'imputabilité, la motivation. Les valeurs traditionnelles de la famille et de la morale sont remplacées par celles de l'éthique et de la culture d'entreprise. Les objectifs sont toujours de contrôler le personnel, de contourner les syndicats et, bien sûr, d'accroître l'efficacité de l'entreprise. Par contre, cette nouvelle méthode permet plus de flexibilité et améliore l'image de l'entreprise. Le paternalisme transparaît encore dans les méthodes de gestion des ressources humaines, comme dans le « management participatif » (cercles de qualité, groupes d'échanges et de progrès), dans le « marketing social » et dans l'appel à la culture d'entreprise comme ensemble de valeurs partagées et de références communes. Au niveau matériel, le paternalisme ne se concrétise plus par la prise en charge de gens de la naissance à la mort, mais il s'exerce au sein des institutions sociales : logements, retraites complémentaires, participations (symboliques), stock-options. Dans le domaine moral, le paternalisme se traduit par une invasion dans la sphère de l'éthique (chartes de bon comportement) en lieu et place de la lutte contre certains vices tels que l'ivrognerie et la paresse. Enfin, le paternalisme s'est donné une façade plus démocratique : les patrons et leurs obligés se font passer comme étant « désignés » par les employés, alors que leurs façons de faire demeurent toujours aussi autocratiques.

Au bout du compte, lorsque l'on compare capitalisme naissant et capitalisme actuel, les résultats sont très comparables. Un salarié peut gagner un indéniable bien-être matériel et moral, mais au prix d'une dépendance économique et psychologique accrue, avec risque de perte d'identité personnelle et sociale. Tout comme dans les entreprises d'antan, le salarié n'est pas encouragé à l'autonomie (l'émancipation des subordonnés représenterait la fin du patronat et du capitalisme). Dans ces conditions, le personnel, infantilisé, ne peut s'affirmer — lorsqu'il prend conscience de l'oppression qu'il subit — qu'à travers une violente révolte contre le « patron castrateur ». On a constaté que les grèves sont plus nombreuses dans les entreprises pratiquant particulièrement le paternalisme que dans les autres, malgré le fait que certains employés soient retenus par la crainte ou la peur de sembler manquer de gratitude. Pour l'entreprise, les bénéfices du paternalisme sont une paix sociale temporaire alliée à de meilleures performances ; quant aux risques encourus, il s'agit de réactions violentes à long terme.

Demain sera-t-il plus facile ? Les débuts de la révolution industrielle furent atroces. Les journées de seize heures, de nombreux accidents, le travail des enfants, rien n'a été épargné aux travailleurs. Il a fallu des dizaines d'années pour que les usines deviennent des lieux plus humains. Mais surtout, il a fallu la syndicalisation. C'est par la force du nombre que les travailleurs des usines ont obtenu l'humanisation du travail. Aujourd'hui, chacun travaille pour soi. La révolution post-industrielle se révèle plus subtile ; elle s'installe en douce et on la saisit mal. Ses signes sont moins palpables que ceux de l'industrialisation. Nous ne réalisons pas à quel point l'économie est en train de changer. Nous ne comprenons pas ce qui se passe. Dans le monde d'autrefois, on s'efforçait de *comprendre* ; dans le nôtre, on veut *savoir*.

Après l'industrialisation s'est imposé le respect du travailleur. Ensuite, à l'ère technologique, les couches moyenne de la société sont devenues plus nombreuses, tandis que se développait la sécurité d'emploi. Mais le siècle de l'informatisation, de la mondialisation et des communications commence avec la destruction aveugle d'entreprises, de postes de travail, de références et de moyens de production, et débouche sur la généralisation de l'insécurité au travail, sur le déracinement, sur la perte des références de la culture sociale et des individus. Tout cela est d'une grande gravité.

Il y a plus de richesses qu'il y a trente ans et plus d'occasions à saisir, mais au prix d'une vie « sous pression ». Tout est régi par la compétition, ce qui accentue, encore une fois, l'aspect compulsif de la vie sociale. Nous sommes passés d'une société obéissante, où l'on demandait aux gens d'être ponctuels et disciplinés, à une société d'action. Aujourd'hui, chacun est supposé mobiliser ses ressources internes pour réussir. Le modèle de réussite qui se dégage est, au fond, celui de l'adaptation aux contraintes. Plus encore, la maladie de la société postmoderne est le doute. Nous sommes dans l'ère des opinions. Le doute génère l'angoisse. Comme jamais dans l'histoire, hommes et femmes ne participent plus à un mouvement collectif, mais s'efforcent de gérer une aventure individuelle, le plus souvent dans la solitude. Alors que nous fonctionnions autrefois par le langage, nous nous concentrons désormais sur l'image. Avons-nous pour autant évolué ? Nous manifestons un déséquilibre par le seul fait d'être contaminés par des images qui augmentent notre désarroi. Tant que le culte de la réussite et du mieux-être sera au cœur des valeurs de la société, il y aura un marché pour les charlatans.

La pression du « paraître bien » crée non seulement un malaise chez les individus, mais elle finit par accentuer leurs défauts, aussi ironique que cela puisse sembler. Pour reprendre une thématique pascalienne, l'ange et la bête sont intimement liés et à trop accentuer l'un de ces pôles, l'autre ne pourra que resurgir. Il est, en tout cas, frappant d'observer que cette mythologie contemporaine qu'est la publicité ne s'y est pas trompée en mettant en scène la peau, les formes, les humeurs, sous leurs diverses représentations. Il en est de même des productions musicale, cinématographique, photographique, qui n'ont pas peur de satisfaire la demande grandissante des gens pour des œuvres illustrant la part obscure de l'humain.

Comment, ensemble, pourrions-nous influencer les réseaux médiatiques de façon à lutter contre des contenus aseptisés ? Comment appréhender un futur qui est déjà là, à nos trousses, annonçant des lendemains difficiles ? La grande majorité des hommes qui peupleront la Terre en 2025 sont déjà en vie. Et l'humanité est épuisée.

Ce livre se veut aussi un constat face aux emballages trop simples, pour ne pas dire répugnants, que nous proposent non seulement les médias, mais aussi ceux qui tirent les ficelles de la politique, de l'économie et de la culture. Une réflexion tout aussi pressante s'impose dans le monde du travail, où la performance, la rentabilité et l'efficacité sont au sommet des priorités des organisations au détriment du bien-être des employés.

Chapitre

Erreur et vérité, impossible de les distinguer

Certaines erreurs sont des étapes vers la vérité.

ROBERT MUSIL (1890-1942)

L'erreur est toujours plus occupée que la vérité.

HOSEA BALLOU (1771-1852)

*Les faits ne sont jamais si forts que
les mythes qu'ils sont censés détruire.*

JOHN MALKOVITCH, ACTEUR, RÉALISATEUR (1953-)

La difficile distinction entre
la vérité et l'erreur

Aujourd'hui, on exige de la nouveauté. On doit être original à tout prix. C'est le « il faut être absolument moderne » de Rimbaud qui parasite les esprits. Il y a pléthore dans tous les domaines (roman, musique, littérature, thérapies, loisirs) et cette surabondance de points de vue nous empêche de comprendre quoi que ce soit. Les gens, de nos jours, écrivent pour nous parler de leur difficulté d'être, de leur décrépitude. Le marasme humain sous toutes ses facettes est exposé en haut et en large. Il faut que nous commencions par reprendre le pouvoir sur nos propres attitudes. Restons lucides et gardons en tête nos objectifs personnels. Prendre conscience de nos erreurs et des illusions auxquelles nous sommes vulnérables : n'est-ce pas là la définition de la lucidité ?

Travailler sur son ignorance des choses, sur ses blessures originelles, sur l'intransigeance égoïste de son désir de perfection ou de bonheur, sur ses pulsions et ses passions contradictoires, exige volonté et vigilance. L'effort intense que cela présuppose est incompatible avec le moindre laisser-aller. Et la circonspection est de mise, puisque tout jugement demande réflexion. Comme l'a précisé Niels Stensen (1638-1686), « (il) est aisé de choir dans les plus grossiers égarements lorsque nous nous érigeons en juges de choses dont nous n'avons aucune expérience. »

L'épopée vers la connaissance implique le combat intérieur et le doute, la mise à l'épreuve, et le test de la réalité (il ne suffit pas qu'un concept paraisse logique pour l'intellect ; une vérité est une notion qui « fonctionne » dans le monde réel). Sans doute faudrait-il reconnaître qu'erreur et vérité se ressemblent à un tel point qu'il est parfois impossible de les distinguer. C'est pourquoi on pensait autrefois que la sagesse venait au terme d'un lent et long processus. Le passage du temps, la traversée des âges de la vie, permettaient au savoir d'éclore. Or, nos conceptions en ce qui concerne la notion d'âge sont aujourd'hui profondément altérées. Et notre rapport à la connaissance et à la sagesse l'est aussi.

L'essentiel n'est pas l'image

« Les grands événements, disait Nietzsche, avancent sur des pattes de colombe. » Ils ne font pas de bruit. Ils ne sont pas de l'ordre du paraître. Or, nous ne nous intéressons plus qu'aux événements à l'image accrocheuse ; nous pensons qu'eux seuls existent. L'individu est sous l'emprise du monde du spectacle. Les images, croit-on, sont inoffensives, puisque considérées comme irréelles.

Nous devrions examiner plus attentivement cet aspect majeur de notre époque. En l'espace de vingt ans, l'inconscience a changé de camp ; cette fois, il n'y aura pas de retour.

On ne peut que constater la puissance de l'image. Il y a deux siècles, on s'enrichissait avec la terre ; il y a cent ans, on y parvenait avec le charbon ou l'acier... Aujourd'hui, c'est en devenant une vedette ! Ces êtres que nous trouvons remarquables — même s'ils sont prodigieusement agaçants —, qui s'affichent dans les magazines, s'affolent dans les boîtes de nuit et paradent sur les plateaux des talk-shows, sont devenus possesseurs du bien suprême. Qu'ils soient icônes planétaires (comme le footballeur David Beckham), stars de l'industrie du spectacle, animateurs de télévision, étoiles filantes de la télé-réalité, ils sont détenteurs du capital le plus universellement convoité : la célébrité ! À quoi sert cette extravagante renommée ? « Pour vendre et faire vendre. Car la célébrité humanise la consommation », répond Chris Rojek, sociologue britannique et auteur du livre récemment traduit en français *Cette soif de célébrité* (Autrement, 2003).

Nous devons de plus en plus nous assujettir aux particularités de l'ère visuelle : opter pour le direct et l'immédiat, passer du signe à l'image et de la compétence à la jeunesse. Il faut alors renoncer à l'imagination critique, à l'intelligence, à l'argumentation, à la réflexion, et opter pour le nouveau dogme : le tape-à-l'œil.

Le trait le plus caractéristique du XXe siècle en Occident est la démocratisation du luxe et de l'illusion. Le terme « illusion » est défini par le dictionnaire de la langue française comme étant une « erreur de perception ». La perception est, ni plus ni moins, la façon dont nous enregistrons les événements ; c'est ce que l'on saisit par les sens. La manière dont nous percevons les choses est influencée par notre héritage génétique et parental, nos expériences de vie et nos connaissances. Ainsi, d'après ce qui précède, on peut comprendre que, en pratique, rien ne peut être absolument exact, rien n'est tout à fait simple, rien n'est idéal... Transformer, restructurer, réinventer sont au centre de nos intérêts lorsque nos pensées se révèlent vides de sens.

Nous sommes beaucoup trop impressionnés par le bruit et la fureur. Nous pensons que les choses importantes se passent là où on nous les montre, là où elles sont exhibées : *Star Acadé*mie, *La fureur*, *Loft Story*, *Transformation extrême*, *Facteurs de risque*, *Occupation double*, *Fear Factor*, *The Swan*, *Nice People*, *Canadian Idol*, *The Bachelor,* pour ne nommer que ces émissions. Les parents regardent la télévision et, pendant ce temps, ignorent leurs adolescents. Donc, si les jeunes veulent avoir l'attention de leurs parents, il faut que ces adolescents soient vus dans une émission. De plus, tout se passe comme si la télévision, en instaurant une série d'épreuves initiatiques dans ses télé-réalité, avait pris en charge les rituels que la société a délaissés : séparation d'avec la famille, désignation d'élus, etc. Les parents sont-ils responsables de la « pulsion de célébrité » des adolescents ? Pour Philippe Gutton, pédopsychiatre et directeur de la revue *Adolescences*, leur responsabilité est certaine. « Notre culture promeut l'apparence, la réussite. Comment voulez-vous que les adolescents y échappent ? Ils cherchent un miroir dans le regard des autres. Mais le désir de reconnaissance, sociale notamment, c'est surtout le problème des adultes. » Le philosophe Gilles Lipovetsky ajoute : « ...c'est un peu comme le *Loft* et la télé-réalité : si l'on prend une douche, on est contraint de le faire sous l'œil d'une caméra et de millions de téléspectateurs. Je crois que si l'on en est arrivé là, c'est que les grandes visions de l'avenir ne sont plus assez puissantes pour lutter contre le désir de mise en spectacle de l'individu. » (tirée de la revue française *Psychologies*, octobre 2003).

Il ne faut pas oublier non plus la relation nouvelle que nous entretenons avec les images. À l'heure du tout-digital et de l'Internet, l'importance de l'image dans les familles a crû de façon exponentielle. Quand des enfants ont été filmés très tôt à la caméra numérique et mis sur le Net à un stade précoce de leur développement, il

ne faut pas s'étonner qu'ils recherchent par la suite la représentation médiatique.

Prenons l'exemple des enfants qui grandissent aujourd'hui dans
une culture familiale moins autoritaire qu'avant. Il est impératif que
les adultes osent « affronter les jeunes » et qu'ils acceptent de se situer
par rapport à eux sur un autre plan que la « séduction ou le copi-
nage », mais quand vient le temps de montrer la voie à suivre à leurs
enfants, les parents sont incapables d'exprimer ce qu'ils attendent
d'eux. De leur côté, les adolescents se sentent investis d'une mission,
mais ils ne savent pas très bien laquelle. Conséquence : la célébrité
médiatique vient combler ce flou. Gloire et richesse deviennent leurs
défis. D'après la psychanalyste Gisèle Harrus-Révidi, auteur de
Parents immatures et enfants-adultes (Payot, 2001), les parents seraient
en proie à un « narcissisme pauvre », à une volonté de s'épanouir
centrée sur le clinquant. Leur progéniture assimile les valeurs de ces
parents. « (L'enfant) prend pour soi ce désir de réussite rapide et
matérielle. S'il veut être reconnu par ses parents, il vaut mieux qu'il
passe à la télévision plutôt que d'avoir une note élevée en maths »,
explique Harrus-Révidi, qui prend l'exemple de Sandrine Bonnaire,
actrice qui, malgré tous les films dans lesquels elle a joué, ne s'est
fait reconnaître comme comédienne par ses parents qu'après la série
« Une femme en blanc ».

Les gens réclament toujours plus de drame, de peur, de ce qui
concerne l'intimité des autres. Les émissions comme celles qui ont
été mentionnées ci-dessus jouent la carte de la surenchère. Elles se
présentent comme des jeux, mais finissent par manipuler plus ou
moins subtilement les émotions et les sentiments des participants.
Où s'arrête le jeu et où commence la perversion ? Tel que précisé par
Gérard Apfeldorfer, psychiatre et psychothérapeute, « la perversion,
c'est lorsque l'on met des gens, des êtres humains, dans la position
d'objets, à des fins précises. Ici, les fins sont le spectacle. » Tous les
invités ne ressortent pas psychologiquement indemnes de l'arène
médiatique. Voici le témoignage d'une des victimes de la télé-réalité :
« Je me rends compte que mes défenses immunitaires ont été anéan-
ties par ce que j'ai vécu, mais surtout par le montage odieux qui a été
télévisé. » Les émissions ont atteint un sommet en ce qui concerne

les mauvais traitements psychologiques : exploitation du domaine de ce qui est personnel et humiliation douce ou dure sont au rendez-vous. Autrefois, les animateurs étaient paternalistes et les programmes misaient sur la compassion. Aujourd'hui, les émissions font leurs profits en se servant des conflits, du stress, de la souffrance ou de l'abaissement des participants.

Le partage des secrets les plus intimes est devenu l'ultime projet collectif. Les individus sont persuadés que leur vie n'aura de valeur que si elle est racontée à tous. Dans les livres et au petit écran, le *moi* est devenu le sujet préféré de l'époque, et plus le récit d'une existence est biscornu, plus il sera perçu comme digne d'intérêt.

L'essentiel de l'homme n'est pas dans l'image, il est dans le rapport aux autres, dans la communication véritable avec les autres. Quand on ne sait plus quoi dire, on pratique la diversion : le corps est exhibé et les images d'ordre sexuel abondent. Le corps se substitue à la parole. La nudité est plus le signe d'une incapacité à être soi-même que la manifestation d'une nouvelle liberté. C'est une façon de conjurer l'angoisse du vide et l'incertitude intérieure. L'appauvrissement de l'intériorité laisse une place excessive à l'extériorité. La sociologue Dominique Mehl, auteur du livre *La Bonne parole* (De la Martinière, 2003), ajoute que « la télé incarne une illusion d'accompagnement, une illusion thérapeutique ».

Aurons-nous le courage de rejeter non seulement les stéréotypes que l'on retrouve au cinéma et à la télévision, mais aussi le discours et les idéologies sociales entretenus par la presse qui nous empêchent de penser par nous-mêmes ?

Le poids de la liberté

Les libertés dont nous jouissons de nos jours — acquises au prix d'un combat qui a duré quatre siècles, c'est-à-dire depuis la Renaissance et la Réforme — sont lourdes à assumer, difficiles à mettre en pratique une fois que la lutte pour la libération est terminée. Les jeunes qui naissent dans le monde d'aujourd'hui sont des individus libres de tracer leur destin comme ils l'entendent. Cependant, la liberté est un fardeau qui nous oblige à être responsables de nos actes et à nous fixer des choix. Pour éviter cette liberté — et les responsabilités qui en découlent —, l'homme contemporain a trouvé une porte de sortie, l'infantilisme : continuer en tant qu'adulte à adopter des attitudes enfantines, dans un compromis entre l'autonomie, l'indépendance financière de l'adulte, et l'irresponsabilité de l'enfant. À partir du moment où, étant adulte, on régresse volontairement, nous retrouvons ce qui est le trait même de l'enfance : le refus du manque. Un enfant, c'est quelqu'un qui répète sans cesse : « Je veux ceci, je veux cela... » et à qui on doit dire : « Non, il est impossible de tout acheter. Non, il y a des choses interdites. » Actuellement, on doit répéter aux adultes : « Attention, les enfants observent, captent, enregistrent les moindres détails et finiront par copier ce que vous faites et ce que vous êtes. » Il faut dire aux adultes que ce qu'ils font s'imprègne dans le cerveau des enfants et y reste durablement.

L'art de vivre consistera peut-être à affronter ses responsabilités sans s'effondrer devant la complexité des événements et des décisions à prendre. Décider des bons choix peut être aussi difficile que trouver son chemin dans un labyrinthe. D'où l'importance de se permettre de procéder par petits pas.

Chapitre 3

S'en remettre aux autres ou non

Je ne sais pas ce que je suis, mais je ne suis pas les autres.

WILLEM DE KOONING (1904-)

Je n'existe plus par moi-même,
mais par et pour le regard de l'autre.

MICHEL MAFFESOLI (1944-)

L'influence de l'entourage

On est déjà en bien meilleure santé lorsque l'on décide de se révolter. Ce qui est le plus difficile, c'est d'être face à des gens qui ont perdu toute volonté et toute initiative à cause de ce qui a pu leur arriver. Je me réjouis quand quelqu'un entre dans la phase de la contestation : il y a là une sorte de sursaut salutaire.

Le pire, lorsque l'on réalise son malaise, n'est pas de continuer à endurer la situation inacceptable du monde actuel. Le pire est de ne pas pouvoir partager ses frustrations avec personne.

Mais même si pouvoir s'entretenir avec les autres, parler de son existence et discuter du chemin à prendre est bénéfique, il n'en reste pas moins qu'on ne peut s'appuyer totalement sur les autres ; au bout du compte, c'est nous qui devons évaluer nos propres pensées et ce que l'on nous dit, afin de déterminer ce qui nous convient. « On ne reçoit pas la sagesse, il faut la découvrir soi-même... car elle est un point de vue sur les choses. » J'aime beaucoup cette phrase de Marcel Proust. Pourquoi se fier aux autres plus qu'à soi-même ? Rainer Maria Rilke, s'adressant à un jeune poète, avait exprimé ces sages paroles : « Ne croyez surtout pas que celui qui cherche à vous réconforter vit sans difficulté parmi les mots simples et tranquilles qui, parfois, vous font du bien. Sa vie est pleine de peine et de tristesse, et reste très en deçà de la vôtre. S'il en était autrement, il n'eût jamais su trouver ces mots. » « Ce qu'il y a d'admirable dans le bonheur des autres, c'est qu'on y croit... » ajoutait Proust. C'est dire qu'il n'est pas toujours souhaitable de suivre le modèle adopté par les gens qui nous entourent.

Le rôle ambigu des « psy »

Ce besoin qu'ont les individus de s'appuyer sur les conseils des autres en cas d'incertitude se traduit par le culte des « psy ». Par exemple, dans le cadre intime du couple, chacun pense qu'il faut faire appel à un spécialiste pour guérir l'autre de quelque chose.

Les secrets d'une bonne vie n'étant plus proposés par la religion, l'individu, ne sachant où se tourner, sombre dans le « n'importe quoi ». Faute d'avoir quelqu'un à qui confier nos tourments, nous sommes passés du prêtre aux psychologue, sociologue, psychiatre, sexologue.

Nous consacrons une grande partie de notre temps libre à consulter et à s'enquérir de thérapies alternatives. Nous sentons bien que nous vivons mal, mais nous préférons les réponses illusoires plutôt qu'affronter la vie. Une femme, malheureuse, révoltée et repliée sur elle-même, peut se faire dire par un psychiatre qu'elle souffre d'un trouble hormonal, par un psychologue, qu'elle a une approche erronée d'un problème, par un sociologue, que son environnement est responsable de son malaise ou par un psychanalyste, qu'elle refoule ses désirs inconscients. N'y a-t-il pas de quoi devenir fou à entendre tous ces énoncés ou, plus précisément, toutes ces prétendues analyses ? Et dans l'établissement des diagnostics, on fait de moins en moins place au jugement modéré ; tous les individus malheureux sont vus comme étant atteints d'une maladie spécifique. Pourtant, il y a bien une différence entre la trisomie 21, l'autisme, la dépression et le trouble obsessionnel compulsif. Dans les deux premiers cas, le fonctionnement même de l'individu est bouleversé et ses capacités intellectuelles sont réduites ou altérées. Par contre, en ce qui concerne les troubles phobiques et anxieux, tels que la dépression, les troubles obsessionnels ou compulsifs, et l'agoraphobie, ils sont avant tout une souffrance. De plus, il faudrait que les thérapeutes fassent la différence entre timidité et phobie sociale, cafard et dépression, nervosité et stress.

La même tendance s'exerce à une autre échelle : dans l'attribution à une cause génétique l'origine de toutes les déficiences de l'espèce humaine. On tente constamment d'imputer ses malheurs à quelque cause objective. Cela témoigne bien de la piètre idée que l'on a de soi-même

Paul Watzlawick, un des fondateurs de la thérapie systémique, dénonce le « syndrome d'utopie » de certains objectifs thérapeutiques. Pour lui, « les limites d'une psychothérapie responsable et humaine sont bien plus étroites qu'on ne le pense généralement. Si elle ne veut pas être la cause du mal qu'elle soigne, la thérapie doit se limiter à soulager la souffrance ; elle ne peut prendre pour objet la quête du bonheur. » Les gens veulent prétendre à une vie sans accroc et les thérapeutes renforcent cette vision idéaliste. Du coup, les gens consultent pour tout et n'importe quoi ; pour raconter que leur femme les a quitté ou qu'ils s'ennuient le week-end à la maison. Qui porte encore le deuil ? Affecté par la mort d'un proche, alors qu'on réclame juste un peu de compassion, on se fait dire : « En as-tu parlé à ton thérapeute ? » « Il faut laisser le temps aux gens de souffrir, de pleurer, de s'effondrer, plaide le psychanalyste Philippe Grimbert. À force de confisquer les affects, on risque d'étouffer les symptômes. C'est comme si on tentait de boucher une source qui veut jaillir. » La douleur est devenue d'autant plus inacceptable que le mythe du risque zéro renforce la conviction que l'on peut vaincre tout ce qui dérange. Autrefois attribuées à la fatalité, les épreuves de la vie, si rudes, si redoutées, sont traitées comme des pathologies.

Ainsi, les « psy » ont envahi notre vie : à la maison, à l'école, au bureau, à la télévision, au cinéma et même dans les livres. Ils sont devenus les piliers d'une société désorientée. Ils sont partout, puisque partout on les demande. Un feu, une avalanche, une inondation et, aussitôt, ils préparent leur cellule de crise. Il y a plus grave. On fait appel à ces médecins de l'âme en fin de course, pour traiter des problèmes simples qu'on n'a pas eu le courage de régler en amont.

Les parents se sont mis à chercher une explication pour le moindre caprice de leur enfant plutôt que de s'en remettre au bon sens ; puisque quelque chose ne va pas, il faut faire appel au spécialiste. Un phénomène analogue se produit dans les entreprises. Alors que, au début des années 1990, on a vu fleurir les « stages *outdoor* », où l'on apprenait aux cadres à marcher sur des braises, ce sont désormais des cabinets de professionnels, spécialisés dans la gestion des conflits, qui interviennent auprès des présidents de compagnie.

Certains thérapeutes surestiment leur champ d'action et se mêlent de tout. Ils donnent l'impression d'être capables de tout régler en quelques rencontres. C'est un leurre. Comme dit joliment Mark Twain, « on ne se débarrasse pas d'une habitude en la flanquant par la fenêtre. Il faut lui faire descendre l'escalier marche par marche. » Sans doute faudrait-il commencer par se demander si notre problème provient de nous ou s'il est plutôt d'ordre social. Notre besoin d'être heureux pourrait-il être également attribuable au désir de plaire ? En effet, de nos jours, on ne se soucie plus seulement de la tête qu'on a, mais aussi de la « gueule » qu'on fait. Désormais, la société réclame plus que la beauté physique ; elle demande aussi une apparence de « beauté psychique ». Ne pas avoir confiance en soi est devenu une imperfection, comme avoir le nez de travers. Les marchands de béatitude tablent en réalité sur notre sentiment de culpabilité : ils veulent nous faire honte de nos fragilités, de notre mal-être, et nous somment d'effectuer un travail sur nous-mêmes. Résultat : le bonheur qui relève d'abord de l'insouciance, devient un labeur perpétuel, une quasi-corvée que nos contemporains doivent entreprendre sous peine de déchoir. À tous ces gourous de la sérénité j'ai envie de répondre : « Laissez-nous vivre, notre misère est moins tragique que votre santé. »

La recherche du bonheur et du bien-être

Que ce soit en consultant un thérapeute ou en s'engageant dans une aventure du genre *Star Académie*, l'individu recherche un accès rapide au bonheur. Flaubert disait : « Que ce mot de "bonheur" a fait couler de larmes ! Sans lui on vivrait plus tranquille... » Il n'avait pas tout à fait tort. Dans une société dont l'idéal se limite au corps et à la recherche du plaisir de vivre, on ne supporte plus la moindre anicroche. Le capitaliste premier était austère, fondé sur la retenue, la patience et l'attente. Le capitaliste d'aujourd'hui est hédoniste : il nous veut joyeux et dépensiers. Quand on ne croit plus en rien, on ne peut que miser sur soi. « Il y avait autrefois un maillage, un réseau de soutien », souligne le psychiatre François Lelord, auteur du best-seller *Le Voyage d'Hector* (Odile Jacob, 2003). L'Église, les traditions familiales et certains partis politiques donnaient à chacun des valeurs et des règles de vie centrées sur le devoir, alors qu'à présent, l'individu se voit beaucoup plus livré à lui-même dans une recherche du bonheur. En plus, il doit trouver l'amour et s'épanouir au travail. « Vivre, c'est souffrir », assénait Malraux. Les temps ont changé : on veut vivre bien, vivre intensément et broyer du rose au lieu du noir.

51

La quête du plaisir passe par une surenchère dans le « bien-être » valorisé à l'extrême, d'une manière presque étouffante. Des entreprises appliquent les principes du feng shui en installant des plantes vertes et des meubles ronds, car les angles généreraient de mauvaises ondes. La folie des centres de détente procède également de ce phénomène ; de même, font partie de cette tendance les traitements à saveurs spirituelles comme l'aromathérapie, les massages à quatre mains et, pourquoi pas, bientôt à huit ou seize mains pour les plus nantis ? Signe du même mouvement, dans la vie quotidienne, l'univers de beaucoup de gens rétrécit : la mode est aux diverses boutiques-salons où l'on trouve dans un même lieu tout ce que l'on cherche.

Dans notre quête du bien-être, faut-il sombrer dans l'irrationnel tendance écologique et se lancer à pieds joints dans le miracle des oméga-3, les médicaments, le culte de Freud, le rebirth, la Gestalt, la bio-énergie, l'intégration posturale, l'exercice physique, l'imagerie mentale ou l'hypnose ? Ne serait-il pas plus approprié de miser sur les capacités de l'organisme à s'autoguérir et de croire que la résolution des malaises passe, pour l'être humain, par l'harmonie entre la composante émotionnelle, la composante rationnelle et la physiologie ? Ce mouvement est déjà enclenché. On appelle *mind-body medecine* cette médecine qui tient compte des relations entre l'esprit et le corps. Elle est représentée par le professeur Jim Gordon, ancien président de la commission du National Institute of Health pour les médecines alternatives. Il propose des approches fondées sur le *self-care*, expression que l'on peut traduire par : « aide-toi toi-même ».

Les croyances, qu'elles soient religieuses, pseudo-scientifiques ou autres, se multiplient. Danièle Hervieu-Léger, sociologue des religions, dit qu'aujourd'hui, la religion dans le monde est devenue une sorte de marché où des entrepreneurs en état de libre concurrence se disputent des fidèles très inconstants. Dans une société axée principalement sur le plaisir, il devient de plus en plus difficile d'entretenir une foi réelle et profonde. Un autre obstacle provient du fait que nous vivons dans un monde où seule la raison instrumentale (efficacité, rentabilité, performance) est reconnue et promue. La forme de raison qui reconnaît les visages de la transcendance a été engloutie et plusieurs traditions religieuses sont tombées en désuétude. Il serait sans doute sage de considérer les religions comme les formes que la pensée humaine, dans chaque contrée, devait nécessairement prendre et qu'elle continuera à prendre, plutôt que de faire d'une de ces religions l'objet de nos risées ou de nos colères. La pensée spirituelle est délaissée et ridiculisée. Un chrétien doit *décider* chaque jour de croire. Mais de moins en moins de gens sont à même de décider, de distinguer le vrai du faux. Sans repères, ils s'en remettent donc presque aveuglément à des croyances diverses. Le danger, c'est que dans certaines formes nouvelles de spiritualité qui fleurissent (sectes occidentales, orientales ou autres), un personnage central assume tous les rôles : père, gourou, mage, chaman, amant, psychanalyste. Cette confusion des rôles est dommageable pour l'état psychologique des adeptes qui, souvent, subissent ainsi un dommage difficile à réparer.

La religion façon catéchisme a peut-être du plomb dans l'aile, mais la religiosité, l'aspiration spirituelle, le besoin de magie, le goût du surnaturel et tout simplement le sens du sacré, se portent, eux, comme des charmes. La majorité des gens connaissent mieux l'astrologie que l'astronomie et mieux la psychologie populaire que la psychologie expérimentale. Encore une fois, on peut avancer que la raison instrumentale est en cause. « L'irrationnel aurait moins de succès si on avait une éducation moins rationalisante, commente le philosophe Michel Lacroix, auteur du livre *Le Culte de l'Émotion* (Flammarion, 2001). Quand une civilisation met à l'écart sa part incompressible de rêve, de mystère et d'abandon, l'irrationnel se venge. » L'auteur emprunte le langage de l'affectivité et nous parle de notre besoin d'équilibre intérieur, de celui de communiquer avec autrui, de goûter à la saveur du monde. « Que cela corresponde à quelque chose du monde, on ne sait pas. Mais il ne fait pas de doute que ça correspond à quelque chose de nos attentes. »

L'homme moderne reste fasciné par l'invisible. La technologie n'a pas fait disparaître l'irrationnel. Mieux, elle lui donne l'occasion de se développer sous de nouvelles formes. Nous consultons des voyants par téléphone, tirons les tarots sur Internet. Nous recevons des chaînes d'amitié que nous diffusons à notre tour sur la Toile, puisque l'on nous dit que cela « favorisera la chance dans notre vie ».

Au cinéma, nous vibrons collectivement devant les aventures d'un jeune sorcier, Harry Porter, ou celles de Frodon dans *Le Seigneur des anneaux*... Les créatures de légende nous fascinent, comme si elles nous permettaient d'exorciser des angoisses ancestrales. En plus du mysticisme, nous nous évadons de plus en plus dans l'art ou l'imaginaire pour compenser, encore une fois, l'hyperrationalité des sociétés dans lesquelles nous vivons.

Dans ce monde difficile, les gens ont besoin de plus en plus d'opinions (parfois plus d'une dizaine), pour prendre une décision ; souvent, ce processus conduit à l'évasion la plus totale. Autrefois, lorsque nous vivions une difficulté, notre référence première était la famille proche. Aujourd'hui, faire un choix implique recevoir des conseils de l'extérieur et, très souvent, la famille en est exclue. Nous ne faisons plus confiance à nos propres convictions et réflexions.

Chapitre 4

La restauration de la personne

Douter de tout ou tout croire, ce sont deux solutions
et également commodes, qui l'une ou l'autre
nous dispensent de réfléchir.

Henri Poincaré (1854-1912)

Le seul intérêt à vivre est de croire à la vie, de l'aimer et
de mettre toutes les forces de son intelligence
à la mieux connaître.

Émile Zola (1840-1902)

« Être soi » dans la collectivité

Il importe donc de s'interroger sur la façon de porter remède à tous ce que « les autres » nous demandent de devenir. Il est vrai que l'homme moderne ne sait plus se délester de ce qui l'encombre ; il hésite à se défaire de tout ce qui l'emprisonne. Pourtant, il faut résister à la tentation de rechercher les voies faciles qui promettent la lune. Le bonheur parfait est un mirage et les progrès de notre modernité nous ont rendu la simple paix d'esprit encore plus difficile à atteindre.

Bonheur et simplicité dorment dans la même chambre. Mais retrouver une certaine simplicité demande de la vigilance. « Ce n'est plus d'être heureux que je souhaite maintenant, mais seulement d'être conscient », disait Albert Camus.

L'aspect linéaire de notre vie nous empêche-t-elle de percevoir la globalité des choses ? John Saul, dans son livre *Vers l'équilibre* (Payot, 2003), offrait la métaphore suivante : « Prenez les yeux humains. Ils vont en paires et sont disposés sur une surface plane ; et pourtant, leurs propriétaires ne peuvent simultanément voir à la fois leur gauche et leur droite... Vu cette incapacité à embrasser même les petits événements de sa vie sociale, il n'est guère étonnant que l'homme se sente si excité par certains aspects unilatéraux de sa vision limitée de la réalité. » On a réussi à « rendre intolérable l'intervalle entre l'idéal et le réel » (Marx), attitude qui peut pousser à l'action réformatrice ou à la récrimination stérile. La pratique du réel demande, en fait, beaucoup de lucidité. Il faut remarquer, de plus, que la présente civilisation crée autant de souffrances qu'elle en résout : non seulement ses règles nous pèsent, mais en érigeant le bien-être en norme, elle rend plus intolérable encore l'adversité.

À notre époque, nous n'avons plus de réponses convaincantes à la question de la légitimité de l'humain et nous ne savons plus si notre existence dans le monde est un bien. Nous cherchons continuellement des explications à ce qui nous rend la vie difficile. De plus, notre estime de soi, dont une des fonctions est de nous protéger de l'adversité, est souvent affaiblie.

Pour comprendre les phénomènes sociaux à l'œuvre de nos jours, il est nécessaire de changer de perspective : non plus critiquer, analyser, expliquer, mais comprendre, admettre.

Ce n'est pas, à strictement parler, vers une *opinion* juste qu'il faut s'orienter, car l'expression même, qui a quelque chose d'antinomique, est sujette à caution ; c'est plutôt une *authenticité* juste qu'il faut rechercher. Ce changement de cap implique une véritable prise de conscience de notre capacité d'apprendre à comprendre. Il s'agit véritablement de dépasser l'étape de subir et d'adhérer inconditionnellement.

Il est rare qu'un être humain sache mettre à profit la totalité de son expérience, surtout quand elle est très variée, pour tenter de donner à ses propres contradictions, doutes et convictions une forme qui soit compatible avec des valeurs universelles. D'habitude, la cloison est mince entre fraternité et méfiance, entre loyauté et traîtrise, entre bienveillance et antipathie, entre bonheur et infortune. De ces entre-deux fuyant comme des mirages, il ne reste que les mots pour comprendre, pour tenter de concilier les nuances, les dualités, les forces contraires. On touche ici à une ambivalence fondamentale. Hemingway disait : « Ce qu'il faut, c'est écrire une seule phrase vraie. Écris la phrase la plus vraie que tu connaisses. » Nous avons un besoin pressant d'authenticité, de transparence, de « vérité » pour faire face au doute, à l'hésitation, aux contradictions. Tout comme la foi, elle s'exprime dans ces trois registres : émotion, rationalité, volonté ; la pire des choses serait de l'enfermer dans un seul registre.

Un tel projet est politique au sens le plus radical du terme. Il ne s'agit de rien moins que de cette reconstruction d'un monde que Hannah Arendt suggérait. Cette reconstruction est totale, en ce sens que le problème est moins de réhabiliter l'éthique (comment vivre) que de poser les bases d'une société qui rende possible une réflexion personnelle véritable, condition de toute vie morale, et qui organise la confrontation des opinions pour définir ce qui est juste.

Ainsi, le défi auquel nous sommes confrontés tient dans cet effort de restauration de la personne et de la vie intime au sein d'une collectivité plurielle sans frontières. L'isolement provoqué par le relâchement des solidarités familiales et locales pèse lourd. Qu'est devenue la notion de réciprocité, entre individus ?

Nous abordons la vie avec tellement d'incohérence, qu'à force de nous y engloutir, sans rien approfondir, nous ne faisons qu'effleurer la vraie vie. L'image que nous avons de nous-mêmes et celles que nous croyons percevoir dans le regard des autres sont brouillées. La beauté de l'existence, c'est de s'échapper de ce qui nous emprisonne, de s'ouvrir à la multitude des destins possibles que l'on porte en soi. Et il faut accepter que cette recherche d'une vie plus riche implique une bonne dose d'humilité, de transparence et de tolérance.

Notre modèle unidimensionnel, fondé sur la méfiance, la jalousie, la rivalité, la concurrence, la revendication, a marqué notre esprit, cela en quelques décennies. C'est de cette « narcose » sur fond de paranoïa collective qu'il s'agit d'émerger. La grande question sera désormais : quelle relation entretenir avec les illusions et avec ce que nous appelons l'échec ? Le monde du dehors ne reflète que l'état du monde intérieur. Il ne s'agit de rien d'autre que de « réparer le monde en nous » (François Cervantès).

Un retour à un esprit de communauté s'impose, puisque l'isolement ne mène à rien. L'amour, la poésie, l'élégance sous une forme romantique, ont été les voies par lesquelles les gens ont cherché autrefois à échapper à l'isolement. Où sont-ils passés, ces moyens poétiques ? Dans nos vies actuelles, les faux idéaux de réussite, de performance et de richesse les ont remplacés, et nous sacrifions notre existence à la poursuite de mirages. C'est ainsi que nous nous perdons nous-mêmes et tentons d'oublier ce fait dans une consommation de biens et d'idées. On se rend compte finalement que suivre cette avenue, c'est tourner en rond.

L'individualisme a fait faillite. Sans idéaliser les sociétés anciennes, dont la violence et l'immoralité n'ont rien à envier, il faut leur rendre raison sur un point : la formation sociale des personnes armait les membres du groupe de façon remarquable pour affronter les défis du quotidien. Les individus participaient à un monde étriqué, sans doute, mais dans lequel on prônait le bien commun et la justice. La modernité occidentale a incontestablement libéré l'individu des contraintes collectives et arbitraires, pour le meilleur et pour le pire. Pour remédier aux dérives de cette société contemporaine, il est temps de trouver le chemin vers un nouvel engagement social. « Être soi » est une tentative de décryptage et d'intégration. Cette aversion du « je » en tant qu'être soi-disant indépendant me vient sans doute de Deleuze et de sa métaphysique influencée par Spinoza. On ne m'ôtera pas de l'idée que l'universalité à laquelle l'individu aspire se trouve en grande partie du côté de l'extériorité. Être soi est donc un projet collectif.

La confusion entre avoir et être

L'existence de l'individu, en Occident, est circonscrite dès la naissance par le verbe avoir, ce qui conduit à de douloureuses situations. Par exemple, lorsque nous rencontrons quelqu'un, ce dernier ne nous demande jamais « Qui êtes-vous ? » mais plutôt « Que faites-vous dans la vie ? » Ce dont il s'agit, somme toute, c'est de savoir si le progrès consiste à avoir plus ou à être plus ! Une des conséquences de cet état de choses est qu'être pauvre dans le monde moderne, c'est être pauvre deux fois, tant l'apparente proximité des richesses rend fou.

Les mots de la rue le disent : on n'a plus de problèmes (registre du rationnel), on a des « soucis » (registre de l'affectif). Étonnant paradoxe, c'est en acceptant nos soucis, sous diverses modulations, que l'on peut trouver une certaine joie de vivre.

Tout ce qui aidait à se tenir droit et à avancer, l'âme sereine, est désormais négociable, à commencer par l'amour, la morale et l'autorité. C'est là que l'on s'aperçoit que l'existence n'est pas une donnée, ne doit pas consister en une chose imposée ; il nous faut la construire. Il faut songer à l'assentiment que nous lui accordons et à la valeur que nous lui attribuons.

Pour un instant, ouvrons ensemble la cage de nos blessures, de nos peurs, de nos expériences négatives, de nos récriminations. Pour un instant, ouvrons ces fers si familiers que nous ne les sentons plus. Entrons dans la partie incandescente de nos mémoires ! L'amnésie quant à notre origine véritable met en danger à la fois les humains et la nature. Nous avons oublié que, sans la puissance collective qui nous habite, le monde est perdu. Tout, sur cette terre, nous demande d'être attentifs aux autres.

Les situations dans lesquelles il faut prendre des décisions sont de plus en plus obscures. Ce que l'on nommait *valeurs* semble s'évanouir. *Savoir être* consiste tout d'abord à réaliser qu'il est pratiquement impossible d'agir jamais en pleine connaissance de cause et qu'il faut pourtant se décider, ici, maintenant. Il faut se rendre compte aussi que ces actions peuvent avoir des conséquences à long terme, pour soi et pour autrui.

L'éducation donnée aux enfants

Tous les parents ont désormais leur point de vue particulier sur l'éducation des enfants ; les contradictions affleurent. Hors, il se trouve que des changements profonds au niveau de l'éducation sont nécessaires.

L'enfant est devenu la valeur suprême sur laquelle l'attention est focalisée. Dans les années 1970, Françoise Dolto a révolutionné l'éducation lorsqu'elle a indiqué que « l'enfant est une personne qu'il faut éduquer en privilégiant le dialogue, la négociation. » Ce message a, par contre, été interprété de façon excessive. Il faut écouter et parler, mais cela ne suffit pas. En effet, le monde dans lequel vivront ces enfants plus tard est un lieu où s'affrontent des points de vue divergents ; ce n'est pas un lieu dans lequel ne seront exprimés que de bons sentiments.

Éduquer — et non séduire, comme c'est le cas aujourd'hui dans la plupart des écoles primaires et secondaires —, consiste avant tout à forger une intelligence. Premièrement, on doit apprendre aux enfants à distinguer subjectivité et objectivité. Deuxièmement, il est important que ce qu'ils sont pour eux-mêmes et pour leurs proches demeure bien plus important que ce qu'un étranger peut penser d'eux.

De plus, il ne faut pas trop en dire à ses enfants. Leur ignorance les protège et les aide à se construire. Par ailleurs, l'enfant vit dans un univers dont l'imaginaire est plus riche que celui de l'adulte. Il n'est pas nécessaire qu'on l'informe sur tout. Le bonheur vécu dans l'enfance contribue au développement ultérieur de la personnalité. Les parents ignorent trop souvent que c'est à travers leur manière spécifique de les regarder, de les porter et de les nourrir que leurs petits vont se construire une identité.

Les parents nourrissent une peur exacerbée de déplaire à leur progéniture. Ils ont la hantise que leurs propres défauts ne trauma-tisent leurs enfants ; ils évitent de faire preuve d'autorité, de peur que ceux-ci s'en trouvent perturbés. Au moment de l'adolescence, les enfants ont besoin d'interdits pour grandir ; dans le fond d'eux-mêmes, ils réclament des limites. Pour devenir adultes, ils ont besoin de se détacher des adultes. C'est donc une chance que ceux-ci ne soient pas parfaits !

Dépasser l'angoisse

Le doute plonge la plupart des humains que nous sommes dans l'angoisse. L'angoisse est un sentiment viscéral, le signal d'alarme indiquant que notre vie est insatisfaisante. Encore faut-il comprendre ce message qui vient du plus profond de notre être et ne pas se con-tenter de justifications erronées. Par exemple, cela ne conduira à rien d'interpréter un mal-être intense en se disant : « Ah, que je me sen-tirais mieux si j'avais plus d'argent ! »

Au lieu d'essayer d'analyser leur angoisse, nombreuses sont les personnes qui se réfugient encore davantage dans leurs illusions. Pourtant cette angoisse était une chance ; elle les poussait à apporter des changements à leur vie.

Vivre

Nous, vivant en Occident, sommes maintenant dans ce que l'on a appelé la post-histoire. Nous en sommes les voyeurs télévisuels. Nous passons notre vie à attendre quelqu'un ou quelque chose qui ne viendra pas, création de notre imagination qui ne pourrait prendre forme. Nos espoirs sont ainsi des douleurs en devenir. Une grande partie de notre vie se raccroche à l'espoir, aux « si », aux « peut-être », aux « je devrais ».

« Vivre » est un verbe actif qui implique la création, l'énergie, l'imagination. « Espoir » est, au contraire, synonyme d'attente. Certes, il y a cependant un lien mystérieux entre les deux mots : ni complémentaires ni antagonistes, ils coexistent. Un être humain, c'est, à un moment donné, la somme de son passé individuel et familial, de sa mémoire collective, de sa culture. L'instant présent ne fait que refléter tout cela.

Enfin, je constate qu'il y a une forme de satisfaction à vivre momentanément sans espoir. Il s'agit de celle qui correspond à une lucidité acceptée, qui consiste à refuser à se raconter des histoires.

Chapitre  5

Penser autrement

Pour que de petites améliorations
se produisent dans l'humanité,
il faut qu'un grand changement survienne
dans ses modes de pensée.

JAMES STUART MILL (1806-1873)

Penser est facile. Agir est difficile.
Agir selon sa pensée est ce qu'il y a de plus difficile.

JOHANN WOLFGANG VON GOETHE (1749-1832)

Un rôle dans le règne de l'éphémère

Comme nous l'avons vu plus tôt, les marchands de toutes sortes proposent sans cesse de nouveaux choix, imposent de nouvelles tendances, et la société épouse ces changements chaotiques. Tout apparaît donc éphémère ; il n'y a rien de durable, rien de stable, rien de fiable. La postérité est une notion à l'agonie face à la perte de repères politiques et religieux. Nous avons l'impression que tout nous dépasse, tout nous surpasse, que rien ne s'arrête.

Cette situation provoque une remise en question. Cette dernière se traduit bien souvent par l'anxiété, l'angoisse, ou, plus encore, la dépression ; rien ne peut contenir le désenchantement qui s'ensuit, le désespoir aussi. On se met alors à se poser des questions sur notre rôle dans cette société vouée à l'éphémère. On réalise alors que l'on ne sera jamais satisfait à vouloir toujours plus.

Quant aux très jeunes, on comprend qu'ils puissent s'inquiéter des lendemains, alors qu'ils voient les adultes ne cesser de dépenser et de gaspiller. Certains d'entre eux se demandent avec anxiété ce qu'ils vont devenir à 20 ans, à 30 ans, à 40 ans, à 50 ans, à la retraite. Ces jeunes qui ont passé le plus clair de leur croissance à l'intérieur, à écouter des adultes qui délirent et étalent leurs lacunes et leurs confusions ; il est probable que ceux-là délireront eux aussi quand viendra le moment de faire le décompte de leur jeunesse.

Pour se donner l'impression de jouer un rôle dans ce monde, certains recherchent la notoriété. Cependant, on sait combien le succès peut se révéler aléatoire et, lui aussi, éphémère ; il dépend tant de la mode, de l'image, de la présence dans les médias. D'autres se donneront une mission, recherchant des maîtres à suivre, travaillant à les imiter humblement, à les mériter. Plusieurs, perdus dans les rouages des malentendus, ne sauront tout simplement pas où se tourner, après une interrogation sur leur vie qui n'aura rien donné. Ils demeureront les spectateurs égarés de leur propre vie. D'autres individus encore tenteront de trouver des réponses en fouillant dans le passé. Sans passé, « *no future* », comme on dit. Ces personnes concrétiseront souvent cette démarche en se procurant des objets évoquant le passé (ceintures et porte-monnaie de cuir vieilli, vêtements défraîchis, jeans délavés), objets qui leur apportent un certain réconfort.

Face un avenir qui apparaît incertain, certains consultent des voyants pour trouver leur vocation et pour connaître le sens de leur vie. En fait, recherchent-ils vraiment la vérité ? Pas toujours ! Ils achètent des scénarios pour nourrir leurs rêves et apaiser leur esprit, faire renaître l'espoir et calmer leur angoisse. Tout cela se révèle bien peu rationnel, mais tellement humain, cependant.

Karl Marx disait : « Nous avons pensé le monde, maintenant nous devons le changer. » Aujourd'hui, il conviendrait de dire : « Nous avons changé le monde, maintenant nous devons le penser. » La réflexion s'impose et l'époque nous incite à nous arrêter un moment et à mettre en doute notre vision des choses. Sinon, nous nous laisserons emporter par le courant, nous en remettant — solution de facilité et conformisme agaçant — à un avenir incertain. « Si nous ne savons pas vers quel avenir le présent nous mène, comment pourrions-nous dire que ce présent est bon ou mauvais, qu'il mérite notre adhésion, notre méfiance ou notre haine », affirme Milan Kundera dans son plus récent livre, *L'ignorance* (Gallimard, 2003).

Il faut essayer de penser *autrement*, en donnant à cet adverbe son sens le plus précis. Cela signifie, en particulier, trouver de nouvelles pistes de réflexion, sortir des limites de nos préjugés, tenter posément d'explorer ce qui nous attend afin d'être capable d'avoir un regard critique sur le présent. Certes, la démarche est difficile. Tâchons au moins de trouver une méthode ou, plus modestement encore, une direction générale, qui nous soit personnelle.

Pour mieux trouver cette direction pleine de promesses, il faut renoncer aux disputes convenues, aux propos embrouillés. Puisque l'intrusion dans nos esprits est considérable, puisque les opinions l'emportent sur le bon sens, notre langage lui-même devra être réinventé. Nous n'avons rien à espérer des agitations futiles, celles-là mêmes qui occupent l'espace public. Il y a des façons de penser qui sont des maladies.

Idéalement, il faudrait déplacer les démarcations, secouer l'échiquier, ignorer les catégories et les frontières, bousculer les disciplines du savoir, explorer les marges, braver les convenances intellectuelles et renoncer aux excès de prudence.

Relever le défi de l'éthique dans une société hédoniste ne peut se faire sans une transformation radicale des modes de vie et de pensée. Il faut littéralement « sortir » de la facilité et remettre en cause, en théorie et en pratique, la domination des apparences sur le reste de la vie pour la remplacer par la rigueur de la pensée.

Un temps d'arrêt et de réflexion

D'emblée, je crois que la sagesse, aujourd'hui, serait déjà de résister à la vitesse, au mode de l'urgence, afin d'avoir la disponibilité requise pour poursuivre une réflexion en toute quiétude.

Il faut, dans un premier temps, s'entraîner à la vigilance et réaliser l'accord entre ses idées, ses paroles et ses actes. Il est aussi nécessaire de se donner les moyens de s'insurger contre le discours manipulateur, c'est-à-dire refuser d'être dupe, savoir dire non ; il faut également entretenir une motivation essentielle pour envisager de nouvelles options, agir et réagir.

Ce temps d'arrêt nécessite aussi un tri de nos pensées. Pour mener à bien une réflexion visant à l'action, on doit se concentrer sur les données utiles. L'esprit de la plupart d'entre nous est envahi par des considérations de toutes sortes, qui conditionnent ou orientent nos façons de faire et d'être et qui, fréquemment, nous éloignent de l'instant présent. Le grand malheur de l'être humain est de ne pas posséder de mécanismes pour masquer ou bloquer les pensées superflues à volonté et sans délai. Au contraire, tels que nous sommes, le fait d'essayer de s'arrêter de penser produit en général l'effet contraire ; nous nous mettons à réfléchir davantage. Nous ne pouvons maîtriser totalement le « courant » de notre conscience, mais nous pouvons apprendre à l'infléchir et à l'utiliser, ceci dans certaines limites.

Il ne faut surtout pas laisser au sens de la vue une importance démesurée lorsque c'est le temps de choisir, d'initier des actions. Laissons Christian Bobin, auteur du merveilleux livre *Le Très-Bas* (Gallimard, 1992), nous illustrer les dangers des apparences : « C'est que le vingtième siècle parle pour vendre et qu'il lui faut en conséquence flatter l'œil – le flatter et l'aveugler en même temps, l'éblouir.

Il serait plutôt illusoire de croire que l'œil est garant de choix responsables. On ne touche pas le monde avec les yeux mais avec la langue. »

À notre époque, l'usage de la raison et le contrôle de soi ne sont pas tenus en haute estime ; ce n'est *pas cool*. Cela fait « collet monté », pour ne pas dire ridicule. Pourtant, il semble évident que ceux qui se donnent la peine d'acquérir la maîtrise de ce qui se déroule dans leur conscience vivent une existence plus satisfaisante. Heureux qui a pu pénétrer les causes cachées des choses !

On ne peut plus se permettre de rester enfermé dans son bunker, même si vivre dans un cocon peut être sécurisant. Se mettre en danger, c'est exister. Il faut courir le risque d'affronter ce qui nous empêche de vivre ; il faut oser agir et réagir avec discernement. Voilà le défi qui se présente à nous et que j'ai abordé dans mon tout premier livre *Changez d'attitude !* (Logiques, 1998, 2002). Il faut se donner les moyens de demeurer à l'affût de ce qui se passe autour de nous.

D'autre part, notre attitude sera guidée par une grande envie de douceur et d'élégance ; nous réagirons ainsi adéquatement à la mélancolie causée par les illusions qu'offre le monde. De plus, l'espérance et l'amour restent des sentiments qui nous soutiennent, dans tous les moments de la vie. Il faut que nous accompagnent l'intelligence et la gravité de la tendresse. Il faut que l'on s'ouvre au monde. Mais attention, si on ne fait que baguenauder, tel un touriste, parmi les images des autres, on découvrira, en fin de compte, que le gazon n'est pas plus vert chez le voisin et on n'aura fait que déplacer ses frustrations. L'ouverture dont on parle nécessite implication et réflexion sérieuses.

Nous pouvons voir, éprouver et agir ; nous pouvons aussi prendre conscience du fait que nous voyons, que nous ressentons et que nous agissons. Nous pouvons penser que nous pensons, réfléchir à notre manière de penser et à la possibilité de penser autrement. Cette forme de conscience est appelée « réfléchie », « réflexive » ou « cognitive ». Dans la nuit, par exemple, il arrive que nous nous retrouvions seul avec nous-mêmes. Cette solitude n'est pas un vide ; elle nous met en face de notre propre personne, ce qui est capital. La conscience réfléchie, qui rend possible ce dialogue avec nous-mêmes, est étroitement liée à notre capacité de parler, de répondre aux questions d'autrui à propos de nos actions. On peut donc dire qu'elle est, en quelque sorte, un produit social.

La réflexion sur notre propre comportement facilite les apprentissages nécessaires et constitue un puissant outil de changement. Elle nous donne un moyen de prendre du recul vis-à-vis de nous-mêmes, afin de nous réorienter, d'expérimenter de nouvelles façons d'être. C'est ainsi que l'on peut se libérer, s'il y a lieu, de ces parents qui ont mal joué leur rôle, de cette enfance abîmée, de ces êtres qui nous empêchent d'exprimer nos émotions, nos pensées, nos différences. C'est aussi de cette manière que l'on peut apprendre à mobiliser l'ensemble de nos facultés. Être responsable, c'est également réaliser que chacun est tenu de développer au mieux ses propres capacités.

Le bonheur est une relation à soi-même désencombrée de toute tentative de fuite en avant, d'une part, et, d'autre part, une relation créative avec autrui. Désormais, le progrès matériel ne contribue en rien au bonheur. Ce dernier trouve plutôt sa source dans la simplicité d'un comportement quotidien.

Réflexion *versus* héritage culturel et engagement social

Notre vie est faite d'obligations et de renoncements. Mais ce qui déclenche la réflexion, c'est la curiosité, le questionnement. La pensée s'éveille lorsque surviennent des événements perçus comme nouveaux et elle s'endort sous le poids des croyances non remises à l'épreuve. C'est de penser dont il est question, ce qui, concrètement, signifie lutter avec la dernière détermination contre ces « belles histoires fausses » que nous nous racontons, pensant qu'elles nous aident à survivre alors qu'elles nous conduisent à la mort. Il faut donc « philosopher sérieusement pour guérir réellement » (Épicure). Il faut rechercher un remède visant à nous délivrer de la crainte, de l'incapacité d'endurer la douleur, un remède nous permettant de contourner certains désirs.

Comme on peut le constater, le bonheur ne peut venir pour chacun d'entre nous que par un travail sur soi ; il s'agit de devenir son propre médecin, en l'occurrence, son propre philosophe. Nietzsche considère qu'« être en santé dans une société malade » c'est, pour un sujet, déconstruire tout à la fois la culture dont il a hérité et le masque social qu'il s'est composé. J'ajouterais, pour ma part, que si notre existence souffre de tant de handicaps, c'est qu'elle est vécue dans un monde malade de ne pas penser.

Ainsi, la structure, la façon dont on se perçoit et notre facilité à une prise de conscience véritable dépendent de conditionnements culturels. Dans les sociétés asiatiques, l'individu se voit principalement en fonction de ses relations par rapport aux autres et à la collectivité. Des villageois du Sri Lanka se conçoivent comme composés d'une constellation de moi indépendants, qui se manifestent en fonction des circonstances. Dans les cultures occidentales, l'individu se visualise aujourd'hui comme un être unique ; il cherche donc, dans ce contexte, à se valoriser et à s'affirmer.

Penser autrement, c'est donc remettre en question nos valeurs. Certes, on voit bien quelles sont les valeurs qu'il faudrait promouvoir : l'altruisme devrait prendre le pas sur l'égoïsme ; la coopération, sur la compétition effrénée ; la joie de vivre, sur l'obsession du travail ; la vie sociale, sur la consommation illimitée ; le goût du travail bien fait, sur l'efficacité ; le raisonnable, sur le rationnel. Le problème, c'est que les valeurs actuelles sont de nature systémique ; elles sont suscitées et stimulées par le système, qu'elles renforcent en retour. Certes, le choix d'une éthique personnelle peut infléchir cette tendance, en sapant les fondements conceptuels du système. Mais, sans une remise en cause radicale du système dans son ensemble, les changements de comportement risquent d'être limités.

Par exemple, on peut remettre en question les rôles que nous attribuons à la mère et au père, à l'homme et à la femme. Tout le monde est entre deux cultures, deux vies, parce que tout le monde est entre deux parents. C'est ce qui définit l'être humain : la façon dont on intègre ses parents en soi, la façon dont on devient soi-même. Voilà ce que vivre veut dire. On attribue aujourd'hui au père les traits suivants : identification, appartenance, verticalité, représentation, suffrage, répression, censure, négatif. Structurée par le maternel, la vie se caractérise par des traits opposés : incorporation, libération, horizontalité, illusion, sondage, prévention, expression, positif. Les traits que l'on a pris l'habitude d'associer au féminin (distance, compréhension, voilement, fragilité, pudeur, sentiment, dévotion) et ceux associés à l'homme (espace, confiance, audace, approbation) ne sont, au fond, peut-être qu'une habitude liée à une société particulière. À ce propos, on peut faire remarquer que c'est en introduisant et en maintenant des différences que l'on permet le lien social comme le lien amoureux.

Comment penser le « principe de responsabilité » par rapport à l'humanité à venir ? S'il s'avère difficile sur le plan pratique d'améliorer les relations actuelles entre nations et collectivités, comment imposer des jugements éthiques à propos d'une société future, sinon en préparant dès aujourd'hui des règles juridiques, à la suite d'une réflexion éthique ? Car, en fin de compte, dans notre société, prendre le temps de penser n'est pas facile. Dans une culture médiatique, ce sont des résultats qu'on attend, des prises de position rapides.

Développer des points de vue fondés, les examiner et jauger leur validité, voilà un processus qui rencontre de moins en moins de considération dans l'opinion publique. Pourtant, penser en toute liberté est une nécessité pour le développement de l'autonomie des individus. Cela leur permet de prendre du recul face au monde dans lequel ils se trouvent plongés. De plus, cela leur donne l'occasion non seulement de voir les principes qu'on leur a inculqués, mais aussi l'étendue des possibilités à explorer. Alors peuvent naître des idées vraiment neuves. Le détachement est une qualité nécessaire pour ne pas sombrer dans ce que les autres nous proposent d'être. Garder une certaine distance permet de considérer la vie plus objectivement, même plongé dans le flot continu des expériences. La sagesse consiste donc, sans aucun doute, et aujourd'hui plus que jamais, à construire cette liberté intérieure. Elle seule nous garde des pièges que nous tend le conformisme mondial, à l'image devenue terne, qui ne parvient même plus, à de très rares exceptions près, à favoriser le génie et le rêve.

La réflexion doit donc prendre pour objet la collectivité et se laisser nourrir par des faits venant d'elle. Elle doit concerner le monde, sans quoi elle risque de se perdre en constructions mentales aux résultats absurdes. Kant découvrit le « scandale de la raison », à savoir que nous ne sommes pas seulement induits en erreur par la tradition et l'autorité, mais aussi par la faculté de la raison elle-même. La raison nécessite d'entrer en contact avec les autres. Sans l'épreuve d'un examen libre et public, il est impossible de se former des opinions valides. On pourrait donc déclarer que penser efficacement, c'est penser avec une mentalité élargie. Hannah Arendt précise que c'est « le sens de la communauté qui fournit la possibilité d'élargir sa propre mentalité ».

Les expériences de vie accumulées doivent servir, d'un côté, à construire notre moi et, de l'autre, à nous ouvrir à autrui. Elles doivent nous porter à un éloignement radical de tout ce qui est restrictif, porteur de rejets et d'exclusion. Nous autres, Occidentaux, savons que nous devons mettre de côté notre orgueil, prétendument prévenant, et revenir à un peu plus de modestie ; nous ne savons pas, cependant, comment procéder. Nous avons un besoin pressant d'y voir. Il est indispensable de retrouver une plus grande conscience collective.

Il s'agit donc de penser autrement, d'agir autrement, de parler autrement, de ne pas se laisser engloutir dans un univers caractérisé par une pauvreté du jugement. L'adhésion à des modèles fixés d'avance limite la liberté ; les mots « penser » et « obéir » sont incompatibles.

La démarche à entreprendre commence alors par renoncer à plusieurs convictions idylliques : que le malheur est réservé aux autres, que seul l'agréable doit exister, que nous devons veiller à améliorer notre sort en oubliant celui de la collectivité.

Dans cet ordre d'idées, on peut concevoir que si l'adulte cesse de se voir comme un nouveau-né à qui tout est dû, les vicissitudes de la vie lui seront moins pénibles. Les épreuves le rendront plus fort et, conséquemment, plus à même de préserver son autonomie et sa liberté. Il faut une conscience claire et exercée pour percer le brouillard des idées proposées et déceler les tentatives de manipulation qui nous assaillent.

La nécessité de développer son attention

Dans ce cheminement vers une autonomie de la pensée, il faut d'abord faire un peu de ménage dans le chaos qui nous entoure pour distinguer l'important de l'accessoire. L'attention est cette qualité qui nous permettra de bien percevoir les choses. Car percevoir, ce n'est pas seulement mettre des éléments en perspective, c'est aussi sélectionner. C'est choisir, dans la masse d'informations disponibles, celles qui sont pertinentes par rapport à l'action envisagée.

En comparant les cultures, il devient évident que l'attention porte sur ce qui est considéré comme important. Les Inuits, par exemple, sont capables de distinguer beaucoup plus de types de neige que nous et sont très sensibles aux variations des vents. Les marins mélanésiens peuvent facilement se repérer en pleine mer. La souplesse de l'attention apparaît également lorsque l'on considère diverses occupations : un musicien est sensible aux nuances les plus fines entre les sons, un spécialiste de la Bourse découvre les moindres changements du marché, un coureur de fond est conscient du rythme de sa respiration et un bon médecin reconnaît vite les symptômes utiles dans le diagnostic d'une maladie. Ces gens ont patiemment entraîné leur attention ; ils peuvent ainsi détecter les signaux qui passent inaperçus aux yeux des autres. En fait, la vie d'un individu dépend de la façon dont il utilise son attention. À une même soirée, par exemple, un extraverti recherchera les interactions avec les gens, l'homme d'affaires se proposera de préparer le terrain en vue de contrats importants, tandis que, à l'autre extrême, un paranoïaque sera à l'affût du moindre danger. L'attention peut être utilisée d'innombrables manières, qui rendront la vie merveilleuse ou misérable.

Puisque l'attention détermine ce qui apparaît ou non dans la conscience, et parce qu'elle est requise pour effectuer les autres activités mentales (penser, se souvenir, prendre une décision ou éprouver une émotion), il convient de la considérer comme une action impliquant une énergie psychique. Sans cette énergie, aucun travail ne se fait. Il est donc exact d'affirmer que nous nous créons nous-mêmes en investissant dans cette énergie. Il importe d'apprendre à l'utiliser adéquatement ; la qualité de notre existence en dépend.

Examinons donc comment fonctionne l'attention. Cette faculté, conduisant à une observation soutenue, saisit les conflits, les conditionnements, la dualité. Elle démonte les mécanismes sous-jacents comme un enfant défait pièce par pièce le jouet dont il veut connaître les éléments. Sous le perpétuel frémissement des contrastes, l'attention capte l'unité profonde ; elle permet la prise de conscience du présent. Une telle pause dans le chaos ambiant provoque la lucidité. Encore faut-il avoir le courage de maintenir cet état de lucidité.

Chapitre

La quête de soi,
la parole et l'action

J'aime les moments qui détruisent les repères,
les instants de danger où tout fout le camp dans la solitude,
l'errance, et qu'on ne peut plus compter sur rien d'appris.

EMMANUELLE BÉART, ACTRICE (1965-)

La parole a beaucoup plus de force
pour persuader que l'écriture.

RENÉ DESCARTES (1596-1650)

La simplicité

Pour ma part, je voudrais être un fou qui ne posséderait plus qu'une seule chose : un cœur d'enfant. L'enfant qui dessine va droit à l'essentiel. Il s'exprime sans barrière. S'il se sent opprimé, il ne met pas de porte à la maison qu'il dessine. Si sa vie est libre et joyeuse, il multiplie les fenêtres, les fleurs et les soleils. L'adulte devrait s'en inspirer ; à lui de suivre le chemin du cœur et dessiner ce qui n'est pas pour mieux voir ce qui est.

On sait que le bonheur réside dans la simplicité. Mais si on affirme haut et fort les bienfaits d'une vie simple, c'est sans doute qu'on ne l'a pas encore trouvée et qu'on la recherche. Bien sûr, la simplicité a un prix : elle implique l'acceptation d'une vie moins compliquée et organisée à l'extrême, d'une vie où la curiosité a sa place. Arrêtons donc de tout analyser, de tout contrôler, de tout mesurer. Nous sommes séparés du bonheur par des « si ». En fait, nous prenons de moins en moins de risques, nous prenons des raccourcis pour tout. « Ceux qui savent où ils vont ne vont jamais très loin », disait Napoléon.

De nos jours, nous essayons de donner un sens à tout ce que nous faisons ou disons. Par exemple, certains disent que les actes généreux et altruistes cachent une peur de la solitude et de la mort, une volonté folle et naïve d'être reconnu et aimé, de laisser une trace, de rester présent dans la mémoire des autres. Ne sommes-nous que désirs, que fantasmes, que le résultat du fonctionnement d'une série de cellules nerveuses qui conditionnent nos pensées, nos gestes, nos émotions ? N'est-il pas imaginable de donner un coup de main aux autres pour le pur plaisir d'aider, de partager une épreuve ? Pour ma part, je vous dirais bien simplement que les plus grands bonheurs de ma vie, les brefs moments d'extase et de ravissement, ont été ceux où j'ai été délivré, par l'amour ou par la charité, du vain souci de ma personne.

Le bonheur des gens heureux, vu de l'extérieur, est fait de modestie, de tolérance, de bonne volonté. Quand il arrive, pour ces gens, il n'est jamais présent à leurs yeux ; ils n'en ont pas vraiment conscience. Le silence du bonheur, comme celui des organes, est un signe de santé, même s'il arrive que le malheur, comme la maladie, chemine sans trop faire de bruit. «Dès qu'on s'interroge sur le sens de la vie, disait Freud, on est malade.»

On peut réaliser que le bonheur est à la fois éphémère et durable, car un moment heureux, une fois qu'il est passé, peut être revécu en pensée. Ainsi, le récit d'un souvenir peut susciter autant de plaisir que l'événement lui-même.

Le lien avec le sacré

Dans un monde asphyxié par le béton, le rationalisme scientifique et la loi du marché, ils sont nombreux ceux qui cherchent à renouer avec le sacré, à retrouver le sens de leur vie, à recréer des liens. Ainsi, «l'artiste-penseur» compose et recompose sa spiritualité au gré de ses rencontres, de ses voyages, de ses évolutions. Réciproquement, le terme de *spiritualité* ainsi conçu renvoie à l'idée d'une mise en forme de notre existence.

Par un étonnant revers de situation, pourquoi ne pas réintroduire dans nos vies l'un des actes les plus intimes et les plus profonds qui soient : la prière ? À l'ère des émotions violentes et du voyeurisme télévisé, la prière est une invitation au voyage intérieur, qui suppose le secret total. Épreuve de vérité suprême, la prière est redécouverte, de plus en plus, par nos contemporains. On se rend compte qu'elle représente un besoin universel, par-delà les cultures. La prière possède une valeur de simplicité irremplaçable, comme le rappelle Élizabeth Marshall, rédactrice en chef de la revue *Prier* : «Prier ne changera par le cours de ma journée ; mais mon regard sur la journée, lui, peut changer.»

Éloge de la beauté et de la vérité

Nous cherchons tous la beauté, idéal suprême. Puisque nul objet ne pourrait contenir cet idéal dans ses multiples facettes et ne saurait nous connecter complètement et éternellement à la beauté, faisons de notre vie cette œuvre d'art. Nous créerons ainsi un tableau ou un roman, riche d'une somptueuse débauche d'ornements. Chacun transformera son existence en un bijou ciselé sur chacune de ses facettes, qui renverra au monde l'image de sa vacuité, suscitant l'admiration. Chacun inventera les règles de son jeu et, ayant réussi, éblouira. Se créer soi-même, décider du personnage que l'on veut incarner : cette possibilité est à notre portée.

Comment rêver sous le régime du progrès ? Comment vivre sur le mode de l'être et non du devenir ? Parfois, il n'existe pas d'alternative honorable : il faut alors surprendre, briller, esquiver, créer des attentes puis changer de registre, surprendre encore, rire sous l'insulte et cacher sous l'élégance la plus raffinée l'ironie sauvage du désespéré.

Vivre ne se résume pas seulement à « être vivant » ; vivre véritablement, c'est donner une certaine forme à sa vie, c'est trouver son essence dans le mouvement immanent de la vie. Il est donc impératif de vivre *dans* la vérité et *pour* la vérité. Cela signifie, d'un côté, faire en sorte que son existence s'accorde à la vérité et, de l'autre, tenter de rapprocher la vie des autres de la vérité, cela par ses actions. Telles sont, il me semble, les deux exigences fondamentales d'un projet de vie.

La vie authentique, c'est celle qui se soumet en permanence à l'épreuve de la vérité. Une vie basée sur la vérité peut-elle être menée dans une société tissée d'illusions, d'erreurs et de mensonges ? Où doit se situer la ligne de démarcation entre la dénonciation des illusions qui empêchent les hommes de vivre réellement et l'acceptation nécessaire de ce qui ne dépend pas de nous ?

La reconstruction de la personne

Nous sommes des êtres de raison et d'émotions, de paix et de révoltes, de continuation et de ruptures, des êtres balançant constamment entre des forces antagonistes, entre des choses qui apparaissent et d'autres qui disparaissent.

Ce que l'être humain devrait chercher à retrouver avant tout, c'est ce qui lui fait le plus défaut depuis près d'un siècle : la dignité de la personne. Nous acceptons de vivre avec la conviction qu'il est nécessaire et même normal d'accorder une confiance absolue à des procédés, à des machines dont nous ne savons à peu près rien et que nous ne comprenons pas du tout. Une source de confusion et d'hésitation de notre époque est que nous ne savons plus très bien à quoi servent les choses.

Les gens souffrent d'un sentiment d'étrangeté et de dispersion. Ils sont tellement éloignés d'eux-mêmes que, paradoxalement, ils ne réalisent pas tout de suite qu'ils se sont égarés. Comment peut-on ainsi s'oublier, et oublier qu'on s'est oublié ? Il n'y a pas eu de décision initiale, de péché originel donnant lieu à cette malédiction. Il y a juste le fait d'être au monde, emporté par le mouvement de la vie. Qui donc peut nous sortir de cette errance ? Nous-mêmes, un « nous-mêmes » qui traduit une force collective, dans laquelle joue notre force individuelle.

L'existence, pour Sartre, représente la condition humaine, qui s'éprouve dans la contingence et la liberté. Par exemple, l'individu de l'ultramodernité est souvent pris en tenaille entre la proclamation philosophique de son autonomie et la réalité sociologique de sa position dans un système de production de masse mondialisé. La confusion est encore accentuée par le fait que cette proclamation philosophique de l'autonomie est récupérée de façon tordue par les stratèges du marketing. On essaie de vous persuader qu'en consommant tel ou tel produit, vous deviendrez non seulement plus beau, plus séduisant, mais aussi plus libre.

De plus, ne sommes-nous pas déchirés entre les « devoirs envers soi-même » d'autonomie et les contraintes d'une étroite interdépendance dont la finalité et le sens nous échappent ? Ces deux notions — contingence et liberté — fixent le cadre de la réflexion. La réflexion est ainsi projet moral autant que projet de connaissance. Elle rend possible une forme d'authenticité, qui est en soi une victoire et une récompense.

Et si, après tout, notre être n'était rien d'autre qu'un parcours, qu'une trajectoire ? Et s'il n'avait pas d'essence et avait, conséquemment, pour destin d'échapper à la prétention de toute définition ? « La vérité de l'homme, c'est d'abord ce qu'il cache », répond Malraux. Ce que l'on croit savoir de l'homme et de la femme n'est peut-être que préjugé, abus de vocabulaire, perspective provisoire ou simple fantasme. Celui qui tente de dessiner un être ne peut que constater la disparition immédiate des traits ; seul importe le geste qui initie l'engagement vers les autres.

On peut cependant affirmer que l'être humain a trois caractéristiques essentielles. Premièrement, c'est un être religieux. Même s'il est athée, il s'interroge. Deuxièmement, il est capable de rire. Le rire peut être une réaction au fait que nous sommes mortels. Enfin, il ne donne sens à son expérience qu'à travers des récits. Les Grecs de l'Antiquité le savaient déjà. « La Bible » commence par une histoire et le *big bang* que nous racontent les physiciens est, lui aussi, une belle histoire.

Cette importance du récit est de plus en plus reconnue. Depuis le tournant linguistique en philosophie, comme dans d'autres sciences humaines, l'attention n'est plus seulement accordée aux « faits », aux « choses » ou au « réel », mais aussi aux forces des énoncés. Tout énoncé prétend dire quelque chose sur le monde et, en même temps, construit le monde à travers sa formulation. Décrire le monde, évaluer l'agir humain et prescrire des conduites passe par une construction langagière. Tout énoncé véhicule ainsi une représentation du monde tissée avec les mots utilisés.

L'homme contemporain doit réapprendre à être dissident de la raison au nom de la foi et dissident de la foi au nom de la raison. Entre foi et doute, entre conviction et scepticisme, entre adhésion et critique se perpétue ainsi la troublante dialectique qui définit sans doute ce que l'on appelle *civilisation*.

Le pouvoir de la parole

Il nous reste la parole, ces mots que l'on utilise dans nos conversations ou dans nos chants, qui nous aident à mettre de l'ordre, de l'ironie, de la conviction dans nos actions. Rien ne peut arrêter l'envol d'un verbe qui soulage de par l'émotion qu'il représente. Rien ne peut enlacer autant que des phrases fignolées dans l'intention de faire du bien à ceux qui les reçoivent. Chaque mot donne une lueur d'espoir, apporte la lumière pour comprendre, pour élucider les mystères de la vie.

Le langage non verbal importe, lui aussi. Combien de vies ont été gâchées par une conversation téléphonique, alors que les expressions et les gestes ne pouvaient compléter le message véhiculé par les mots !

Parler représente quelque chose d'essentiel. Il y a, il faut le dire, un élément conflictuel dans l'expression ; s'exprimer, en effet, c'est modifier les rapports existant jusque-là entre le monde et le sujet. C'est empiéter, jusqu'à un certain point, sur le pouvoir des autres. En effet, *être* et *agir*, c'est prendre une place et, donc, réduire dans une certaine mesure la place que les autres pourraient occuper. Comment, dans ces conditions, obtenir d'eux reconnaissance et amour ? C'est souvent même cette demande d'approbation ou l'anticipation du jugement d'un public, réel ou imaginaire, qui inhibent la faculté créative.

Quelque chose de plus complexe se joue dans l'arène où la parole agit : le conflit entre pulsion de vie et pulsion de mort. Développer une relation avec une personne signifie également s'engager dans un conflit, un conflit utile et fécond, pourtant. Parler veut donc dire qu'on s'implique dans une forme de lutte. Parfois les phrases que nous employons sont trop courtes et trop sèches, ce qui donne une impression de sévérité. Élaborer la formule juste est à la fois angoissant et riche en apprentissage. Parler, c'est créer des liens, mais aussi des ruptures.

L'action comme expression de nos paroles

Dans notre démarche d'autonomie, tâchons de nous exprimer sans attendre et sans faire attendre ; il faut privilégier cette façon de faire, ce moyen de communication véritable et direct. L'enthousiasme qui se cache derrière l'expression ne réfléchit pas, ne calcule pas et ne donne pas d'explications. Le « pourquoi pas » est ce qui déclenche tout ; c'est le signal qui indique que l'individu concerné a mûri, qu'il est prêt. Dans cette optique, on peut aller jusqu'à avancer que l'oubli est une chose qui peut être souhaitable, car il facilite le fait d'essayer à nouveau.

Bien souvent, les gens sont à la recherche de sens, de réponses à leurs interrogations ; ils finissent par s'apercevoir que les longs discours, emplis de subjectivité, n'aident pas à vivre. En thérapie, par exemple, il faut dix ans de psychanalyse pour que le thérapeute en arrive à inculquer le fait que, lorsqu'un geste se révèle néfaste et conduit à de la souffrance, il faut éviter de le faire. À première vue, loi éthique et loi du «cœur» semblent appartenir à deux registres distincts, mais l'une ou l'autre cherchent concrètement à atteindre le «bien» et le «juste». Assumer la dimension tragique de nos décisions humaines et accueillir l'imprévisible comme une invitation à une créativité renouvelée, n'est-ce pas le défi auquel nous sommes tous conviés?

L'action, en tant que conséquence effective de nos paroles à la rencontre des choses du monde, dans l'interrelation des engagements humains, prend appui sur le «je dois», grâce au discernement responsable et engagé du sujet libre. S'exprimer, par la parole et l'action, naît de l'expérience vécue; cette expérience implique la totalité de son cheminement existentiel, lequel se constitue avec d'autres sujets dans la relation sociale et culturelle.

Je plaide pour une Amérique de l'équilibre, une société où chacun a son mot à dire et cela dans des espaces organisés ou naturels, favorisant le développement de tous. Dans ce contexte, il faut être à l'écoute de ceux qui nous somment, avec raison, de lutter contre les nuisances de toutes sortes, d'améliorer les conditions de travail, de repenser nos villes et nos types d'habitat, de préserver les lieux de ressourcement qu'offre la nature. Il faut, bien entendu, poursuivre la démarche sur laquelle se basent ces injonctions et tenir compte de ce que l'on appelle les «dégoûts du progrès», en particulier en ce qui a trait aux technologies, comme celle de l'information. Réfléchir à l'évolution de la société devient indispensable.

Revenons à la fermeté stoïcienne — à la résignation de supporter les choses qu'on ne peut pas changer, au courage de changer celles que l'on peut changer, à la lucidité de distinguer les unes des autres. Assez de compromis conduisant, en fait, à l'inaction. Assez de dissertations stériles sur le monde de la pensée. Aucun destin n'est jamais liberté totale. Il faut cesser de gâcher sa vie d'être humain par tous ces abandons auxquels amènent les rêves usés que l'on fait siens. Peu importe si nous n'atteignons pas le pays de nos rêves. Ce qui fait l'être humain, plus que d'arriver, plus que d'aboutir, plus que de réaliser, c'est de partir, c'est de chercher. Il faut rechercher la source des choses avec fermeté, avec la participation des autres, pas autrement.

Pour moi, le monde reprend son sens lorsque le mot quotidien rime avec le mot engagement. L'engagement est un état de fait, avant d'être une décision à prendre. En effet, nous sommes inexorablement engagés dans ce monde avant même toute résolution de notre part. Quel est le cours d'eau qui nous entraîne irrésistiblement ? C'est celui de l'existence humaine, temporelle. La limitation de cette existence ne concerne pas que le temps ; elle vient également du fait d'être, de par son corps, situé dans un ici et maintenant, « avec la réalité rugueuse à étreindre », pour employer l'expression de Rimbaud.

Exister, c'est donc être engagé dans l'existence. Et le devoir de créer son être est donc le lot de chacun (même si, le plus souvent, nous préférons fuir devant l'ampleur de la tâche en déléguant, par exemple, aux autres le soin de choisir à notre place). Telle est la tâche de l'être humain, telle que l'ont indiqué Heidegger dans *Être et Temps* et Sartre dans *L'Être et le Néant*. Tous deux assimilent l'existence de l'être humain à un exode sans terre natale ni terre promise.

Exister vraiment c'est être ouvert au monde avec la disposition affective de celui qui est conscient de la nature de ce monde — ensemble de choses et de gens se tenant là, autour de nous, dans une présence inévitable.

La qualité de vie d'une personne dépend moins de ce qu'elle réalise que *comment* elle réalise ce qu'elle accomplit. De plus, ce n'est pas tant le défi « objectif » qui compte que la perception que nous en avons ; ce ne sont pas les aptitudes que nous avons réellement qui importent, mais celles que nous pensons avoir. En somme, lorsque la vie devient impersonnelle, elle perd son sens.

Chapitre 7

Devenir soi

Je crois qu'il faut presque toujours un coup de folie
pour bâtir un destin.

MARGUERITE YOURCENAR (1903-1987)

Rien ne dessèche tant un esprit que sa répugnance
à concevoir des idées obscures.

ÉMILE-MICHEL CIORAN (1911-1995)

Assumer sa destinée

Philosopher, c'est s'exercer à devenir soi. Philosopher demande une grande part de réflexion, et réfléchir, c'est se mettre en danger. On peut passer sa vie à attendre le moment propice pour se mettre à l'épreuve, mais ce moment peut très bien ne jamais se présenter. Il faut le voir, nous marchons à reculons vers l'ultime épreuve — celle de mettre de l'ordre dans les affaires de son passé. Il faut se décider, un jour ou l'autre, à passer à l'action. L'intérêt et l'importance d'une telle remarque consistent à souligner la nécessité de l'action de la part du sujet dans son accès à la vérité ; il faut devenir l'acteur de sa propre vie plutôt que d'en subir passivement le mouvement. Il s'agit de recouvrer l'élan de vie qui nous traverse pour en faire le moteur de notre connaissance de nous-mêmes. Selon Foucault, cet exercice philosophique n'est rien d'autre que l'orientation de notre énergie, de notre *inquiétude naturelle*. Cette agitation constante de l'être demande à être canalisée, pour devenir le flux nourricier de notre être, en élaboration continue.

Quelle est la nature de la vérité qui est atteinte dans l'épreuve ? À travers les épreuves, le sujet subit et fait subir, ce qui nous éprouve, nous évalue, nous déstabilise et fragilise, dans un premier temps, et qui montre notre valeur, dans un deuxième temps. Ces épreuves prennent des formes très variées. Le sujet, engagé dans une expérience, ne peut en dégager instantanément la signification. Cela requiert tout un effort intellectuel pour qu'il prenne véritablement conscience du sens de cette épreuve.

Vivre, c'est alors participer activement à son existence, en se la réappropriant par une connaissance familière. Il s'ensuit que la première tâche à laquelle l'individu doit se soumettre est l'étude de soi, sans quoi il se condamne à n'être que le spectateur impuissant de sa propre existence. Il s'agit de retrouver ce rapport naturel à soi auquel nous conviait le « connais-toi toi-même » et qui semble s'être égaré dans les méandres de l'histoire.

L'enjeu, précisément, consiste à se découvrir, à écarter les limites imposées à notre être par notre insertion dans les cadres rigides que nous impose la société.

Dans cette optique, « être » et « être provoqué » sont une seule et même chose. « Nous vivons dans une société de petits-bourgeois... il faut provoquer l'éveil », souligne l'abbé Pierre dans un entretien au *Point*, dans lequel il revient sur quelques épisodes — dont certains inédits — d'une vie riche en engagements en faveur des autres.

Comment se présente concrètement une quête de soi authentique ? La philosophie antique prescrivait l'expérience intérieure. Celle-ci exigeait l'application d'une pensée rigoureuse à notre vie quotidienne, afin d'établir des liens entre les éléments de notre existence. Nous pouvons nous inspirer des Anciens pour combattre la dispersion et l'oubli de soi, opérant du même coup la reconquête de notre identité et de la maîtrise de nos actions.

En pratique, l'expérience intérieure se présente dans une certaine mesure comme une mise à mort nécessaire de celui qui en fait l'expérience ; il faut en effet que soit détruite une identité construite par d'autres et que soient détruites également les habitudes qui nous amèneraient à retomber dans le piège des apparences trompeuses.

Les épreuves — celles imposées par soi-même, par les autres, par les événements douloureux — sont autant d'étapes préliminaires à l'accès à un soi ruiné, mais défait de toutes ses pelures artificielles, de toutes ses fausses identités imposées de l'extérieur. L'élaboration d'un soi plus fort est une étape ultérieure.

Quelqu'un ne possède la sagesse que si celle-ci existe pour les autres ; la sagesse n'existe qu'entre les sujets, dans sa circulation intersubjective ; elle représente ce seul bien qui échappe à tout circuit proprement économique, car elle s'accroît en se dépensant. Il n'y a rien de sage dans ce que nous propose le monde contemporain, puisqu'il ne s'agit que d'acheter, de vendre, de s'accaparer, de consommer. Dans une société marchande, les termes « devenir » ou « obéir » sont équivalents ; ils réfèrent au même refuge illusoire, au même délit. Nous ressentons bien, pourtant, que notre personne ne présente d'intérêt si elle n'est que la somme d'objets, d'accessoires que nous accumulons. Il faut méditer sur l'origine du prétendu luxe qui nous empêche, pour toujours si on n'y renonce pas, de devenir un être humain totalement adulte.

Comment reprendre notre pouvoir de décision ? Comment atteindre l'autonomie, qu'elle soit psychologique, économique ou politique ? La réponse va de soi : il nous faut non seulement limiter les influences de l'extérieur (des institutions, de la famille et des autres), mais également nous libérer des contraintes dues à notre propre nature ; il est de notre pouvoir de transcender les données qui sont conditions de notre existence.

Mais de quelle façon, dans la pratique, procéder à cette transformation nous rapprochant d'une autonomie véritable ? Il s'agit de reconsidérer la nature des habitudes que l'on acquiert ! La création des habitudes est un phénomène familier et on néglige fréquemment que leur puissance peut s'avérer radicale. Leur utilité pratique dissimule le fait qu'elles nous ancrent dans une certaine manière d'être, qu'elles peuvent rétrécir l'ampleur de nos possibilités et interdire, par là même, à d'autres façons possibles d'exister et de s'exprimer. Paul Ricoeur souligne cette dimension négative de l'habitude : « Toute habitude est le début d'une aliénation... l'habitude fixe nos goûts, nos aptitudes, et ainsi rétrécit notre champ de disponibilités. » Parce qu'elles accaparent l'ensemble de nos forces, parce qu'elles concentrent toute notre attention vers des buts fixés une fois pour toutes, ces habitudes interdisent toute autre forme de développement possible. S'il faut se mettre en vacances de la vie quotidienne, si ce retrait apparaît comme la condition d'une réflexion sur soi, qui n'a de sens que comme prélude à un effort de métamorphose, la notion d'habitude se doit de revêtir un nouveau sens. Il nous faut nous approprier la puissance de cette disposition plutôt que de la subir. En d'autres termes, nous devons apprendre à maîtriser ce qui peut servir à bâtir ou à rebâtir notre existence, en l'occurrence, apprendre à choisir à travers les actes répétitifs ceux qui conviennent et ceux qui conviennent pas.

Une éthique universelle

La nécessaire relation aux autres, l'approfondissement de la conscience de soi, la légitime aspiration à connaître le monde : c'est entre les trois sommets de ce triangle que s'est jouée l'histoire de l'humanité et qu'elle se jouera encore demain, à un rythme sans cesse accéléré.

La communauté, le monde intérieur et le monde des choses sont trois sphères qui définissent la condition humaine. Mais ce sont des sphères dont le caractère fuyant nous est de plus en plus apparent, à mesure que nous songeons à les approcher. Toutes nos pratiques, toutes nos sciences et toutes façons de percevoir sont relatives à notre époque.

Loin de faire disparaître affrontements et violences, la mondialisation actuelle en multiplie les effets. De plus, notre présente époque se caractérise par une ambivalence marquée. Parce qu'elle nous donne une image fallacieuse de l'universel, la mondialisation semble avoir tué les finalités qu'elle prétend poursuivre. Pourtant cette ultra-modernité n'a pas seulement entraîné une perte de sens ou, plutôt, provoqué la dénaturation d'un sens stable en une idée changeante ; elle a aussi permis des avancées du droit dans des champs d'application qui lui échappaient plus ou moins. Et nous n'avons jamais été aussi près de pouvoir effectivement percevoir ce que devraient être les finalités de nos efforts : des invitations à la fraternité, à la pensée et au savoir. Il revient à nous de choisir le chemin.

Si « l'avenir vient de loin », il projette en même temps au-devant de soi, il est synonyme de marche vers l'horizon. Mais lorsque l'on est persuadé d'être sur le point d'atteindre un horizon que l'on entrevoyait hier, un nouvel horizon se dégage.

Pour nous comprendre nous-mêmes, pour accéder à ce qui constitue notre réalité intime, notre sensibilité, il faut prendre en compte toutes les contingences auxquelles nous sommes assujettis : celles du passé, celles du présent et celles de l'avenir. La morale laïque pouvait raisonnablement espérer une corrélation entre le progrès scientifique et technique, et le progrès moral. Nous nous apercevons aujourd'hui que les progrès scientifiques et techniques sont cumulatifs, alors que les progrès moraux ne le sont pas. Un des problèmes majeurs de l'élaboration d'une éthique universelle consiste donc dans la prise de conscience de la différence essentielle entre ces deux sortes de progrès. La techno-science peut être au service de la dignité humaine. Mais la dignité humaine doit parfois être revendiquée face à la techno-science ; voilà une problématique que nous commençons juste à explorer. À l'intérieur même d'une culture, l'idéal universaliste doit donc intégrer les apports de l'ancien et ceux du nouveau, cela dans un esprit critique.

Il est à prévoir au XXIᵉ siècle des divisions sociales, morales et intellectuelles de plus en plus aiguës. Par exemple, le monde sera divisé entre ceux qui savent manier les ordinateurs et les laissés-pour-compte de la technologie informatique. D'autre part, il y aura un retour en force de l'obscurantisme et des fondamentalistes. D'après les dernières statistiques de l'Unesco, il y a en ce moment en Europe de l'Ouest et en Amérique du Nord trois fois plus d'astrologues que de membres des académies de sciences. On bascule dans des croyances antiscientifiques et dans des fondamentalismes étroits devant un monde que l'on ne comprend plus. Déjà, dans neuf États des États-Unis, il est défendu par la loi d'enseigner le darwinisme. Heureusement, des professeurs courageux se risquent à désobéir.

Ces divisions sont évidemment porteuses de conflits graves. L'espoir d'un avenir meilleur doit quand même nous aider à supporter la frustration présente devant la montée de ces dangers.

La question du pouvoir sur les choses

On l'a bien vu, le « moi » n'a pas l'entière maîtrise de son monde ; nous sommes des êtres « sous influence », portés par des forces inconnues, aussi sauvages qu'innombrables, qui nous soufflent nos pensées, habitent nos désirs, investissent nos sens et nos organes, nous construisent et nous déconstruisent sans cesse, divisent irrémédiablement notre identité, sexuelle ou autre. Georges Bataille disait, à ce propos :

> « ce que l'on appelle un "être" n'est jamais simple, et s'il a seul l'unité durable, il ne la possède que de façon imparfaite ; elle est travaillée par sa profonde division intérieure... C'est à cette différence irréductible — que tu es — que tu dois rapporter le sens de chaque objet. »

La soif de puissance naturelle dans le règne humain, rares sont ceux qui ne l'aient éprouvée à un degré quelconque ; elle nous est naturelle. Pourtant, tout bien considéré, elle prend tous les caractères d'un état maladif dont nous guérissons à la suite d'un choc psychologique salutaire ou alors grâce à une maturation intérieure. À ce sujet, on peut évoquer un exemple historique : Charles Quint, au faîte de sa gloire, enseigna au monde que l'excès de lassitude pouvait susciter des entreprises aussi admirables que le courage. Le renoncement au pouvoir, on le comprend aisément, ne survient qu'en des circonstances exceptionnelles. La soif de puissance chez les femmes, qui se traduit par des rivalités entre les unes et les autres, est d'autant plus développée que ces rivalités sont exacerbées par le regard qu'on leur porte et l'image qu'elles doivent projeter.

Vivre avec les autres

Être entendu est peut-être aujourd'hui une nécessité plus urgente que celle de pouvoir s'exprimer. De plus, tant que ce que l'on dit ne traduit pas ce que l'on vit, et vice versa, la communication restera un art futile, au mieux une technique.

Nous croyons, trop souvent, que tous nos maux viennent de ce qui est inconnu et que notre unique besogne est de diminuer une part de cet inconnu. En fait, ce qui nous manque, c'est la capacité de nous exprimer. Nous tentons par tous les moyens de nous mettre à l'abri de toute forme de communication.

Une communauté se structure par les relations qui existent entre les gens qui la composent. En matière de dialogue, ce qui est donc crucial, ce n'est pas tant d'apporter des réponses à des questions particulières, mais d'écouter et d'être entendu, avec beaucoup d'attention.

On doit constater que nous ne savons plus « vivre ensemble ». Ce n'est pas un hasard si le manque de civilité se développe surtout dans l'espace public, et qu'elle s'exerce contre l'espace symbolique où l'on se regroupe.

La perspective d'une rencontre avec quelqu'un que l'on connaît pas ou peu hante des milliers d'individus. Elle semble liée à une angoisse viscérale. Qu'est-ce qui nous effraie, quelle est la cause de ce frisson de peur que l'on éprouve en face de l'autre ? Car si la peur de ne pas trouver les mots justes n'est plus qu'un souvenir le lende-main, cette peur nous reprend de plus belle à l'occasion d'une nou-velle rencontre.

Peut-être Simone de Beauvoir avait-elle une explication pour cette peur de l'autre. « Entre deux individus, l'harmonie n'est jamais donnée, elle doit indéfiniment se conquérir », disait-elle.

Nous avons vu, plus tôt, que les autres s'ingénient à nous imposer leurs conceptions, à défaire les nôtres, à contester nos choix. Bref, les autres ne voient souvent que des billevesées dans nos propos, que substance vide dans nos options. Notre démarche doit, en autant que faire se peut, inclure le respect des différentes opinions, les nôtres et celles d'autrui.

Collectivement, il faut viser une pensée plurielle, une « pensée du partage » qui réunit, plutôt qu'une pensée qui divise. Il nous faut rechercher un équilibre entre le respect des cultures particulières et la recherche des valeurs communes. Après tout, nous sommes, comme l'enseignait le pédagogue Gabriel Compayré, « les héritiers de ceux qui sont morts, les associés de ceux qui vivent, la providence de ceux qui naîtront. »

En guise de non-conclusion :
se mettre à l'épreuve
sans attendre

Certaines natures, et on reconnaît à cela leur noblesse,
acceptent plus volontiers l'épreuve que la félicité.

ANDRÉ GIDE (1869-1951)

L'épreuve ne tourne jamais vers nous le visage
que nous attendions.

FRANÇOIS MAURIAC (1885-1970)

Utiliser un langage vrai

« Se préoccuper de se servir de mots justes », voilà ce qui fera tout d'abord l'objet de notre conclusion. Ce qui revient à dire : tenter par tous les moyens de rendre les propos que nous tenons plus pertinents, de faire le tri dans ce déluge de choix qui nous écartèlent, d'élargir notre répertoire d'actions, de mieux instaurer notre dialogue intérieur.

Il est impératif de procéder à une révision de nos opinions et de faire les liens qui s'imposent par rapport aux différents besoins d'un être humain. C'est de ce travail que j'ai traité dans cet ouvrage, sachant pertinemment que l'édifice ne pouvait être totalement achevé, qu'il était à construire. Écrire est le résultat d'une inquiétude que rien, et surtout pas l'écriture, n'apaise. Je poursuis donc la route des mots, des lectures, des rencontres, dans l'attente de rencontrer ne serait-ce qu'un verbe qui interpelle, d'un regard autre.

Il est à souhaiter que la peur qui règne dans le monde dans lequel nous vivons nous serve à réagir, à avancer vers une société qui verra l'importance de prendre soin tout à la fois de soi, des autres et de la planète Terre. Que l'on compare l'existence à un jeu ou à une mélodie, il n'en demeure pas moins qu'il convient toujours d'apprendre les règles ou les accords. C'est pourquoi la connaissance de soi, en tant qu'art de vivre, exige une formation judicieuse et l'apprentissage d'un langage juste.

S'approprier son destin

Toute considération doit partir du fait que, pour la vérité intérieure, la dualité ne peut subsister. Dans la mesure où j'adhère à une division, c'est uniquement que je ne suis point parvenu à me connaître totalement. Ici, l'errance est dualité ; tant que je ne me connais pas, je pense et j'agis en termes de dualité et je ne puis que m'exprimer en termes contradictoires. Que je connaisse mieux, me voici *un*. Dès que l'homme apprend à se connaître, il saisit les oppositions qui règnent en maître dans sa vie.

« Être soi » est une réalité qui perpétuellement se découvre peu à peu ; il est impossible de l'aborder avec précision. Nul ne peut avoir la vision nette de ce qu'il perçoit encore dans l'obscurité.

Les regards des autres génèrent souvent des projections, des interprétations de notre part. De là les illusions et les craintes qu'elles enfantent. Et plus l'homme pénètre dans le chemin de la connaissance, plus les regards des autres se dressent le long de sa route. C'est pourquoi il doit constamment se maintenir dans un état de veille pour distinguer la véracité des signes. Il lui faudra cheminer longtemps avant d'arriver à contourner tous ces regards, ces illusions, ces appréhensions.

Je propose une transformation résultant d'un labeur progressif sur soi. Chacun doit assumer la responsabilité de sa métamorphose, même si cela nécessite un travail de longue haleine. L'enjeu est précisément de se définir, de repousser les frontières imposées à notre être par des contraintes inutiles ou nuisibles. « Être soi », c'est mettre de côté le regard des autres pour poursuivre la recherche intense d'une vérité intérieure. Dès lors, le « soi » ne se dissimule plus derrière les figures figées de systèmes de pensée, mais s'incarne dans les parcours singuliers d'hommes et de femmes qui, dans leur persévérance et, parfois, leur obstination à se découvrir, montrent les voies possibles d'une quête identitaire sincère.

Nous avons vu précédemment qu'une telle quête de soi doit se présenter concrètement sous la forme qui a fait ses preuves, celle de l'expérience intérieure où l'on examine avec attention et rigueur les réalités de notre vie quotidienne. Cesser de se perdre dans le monde, voilà le premier pas dans la bonne direction — ce que l'on pourrait formuler par : « être présent à soi », « être principe de soi ». L'enjeu implique de prendre en compte le sens même de l'être.

D'autre part, se « trouver » ne veut pas dire s'abstraire du monde. Comme le précise Merleau-Ponty, « l'homme est au monde, c'est dans le monde qu'il se connaît ». En effet, il ne s'agit plus d'opposer brutalement intérieur et extérieur de l'être humain. Les frontières sont d'ailleurs mouvantes entre ces deux domaines et il est bien ambitieux de prétendre faire la part des choses entre ce qui dépend de nous et ce qui n'en dépend pas. Ce n'est pas dans sa citadelle intérieure que l'individu trouvera refuge.

Nous avons besoin d'épreuves et de chocs inévitables, voire de chaos, pour percevoir et ressentir notre rapport au monde. La tranquillité n'est qu'une illusion qui s'évanouit dès qu'un accident survient et chacun d'entre nous ne cesse de faire l'expérience de sa propre fragilité. Comme le précise Goethe : « Comment peut-on apprendre à se connaître soi-même ? Par la méditation, jamais, mais bien par l'action. Essaie de faire ton devoir et tu sauras tout de suite ce que tu vaux. Mais qu'est-ce que ton devoir ? Ce qu'exige l'heure présente. »

Se construire face aux autres

J'insiste sur le fait que la fragilité des choses fait partie inhérente de la beauté de l'existence. J'insiste aussi sur le fait qu'il faut accueillir les hasards de la vie, si l'on désire une vie sans schéma préconçu. Il faut aspirer à des expériences qui dépassent les modes de fonctionnement rationnels de notre entendement. Avant tout, les êtres humains se construisent indépendamment de tout ordre, de toute visée esthétique, au hasard des matériaux rencontrés. Parfois l'existence laisse entrevoir son obscur tissage de causes et d'effets.

Il faut se rendre à l'évidence : ma personnalité, mon personnage, n'est pas que le fruit de ma création maîtrisée, désirée, acceptée. Ne suis-je pas plutôt souvent constitué de lambeaux d'être qui se font et se défont ? Ne suis-je pas composé de différentes étoffes ? Mon identité n'est donc pas le résultat d'un assemblage rationnel, d'une élaboration progressive ; elle est plutôt de l'ordre du bricolage ou du rafistolage, de la débrouille.

Cela étant dit, il faut admettre, d'autre part, le côté indispensable des décisions mûrement réfléchies, de la volonté, de l'attention. La quête de soi dépend de la façon dont on utilise son attention. L'attention est non seulement nécessaire au seuil de tout itinéraire, mais elle doit demeurer constamment présente. L'attention est semblable au guetteur en état de saisir le moindre signe. Et pour être attentif, il faut être totalement ouvert à la réalité en mettant de côté ses préjugés et préférences. On pourrait ainsi dire que l'attention est docilité et acquiescement.

Toute la difficulté de l'exercice spirituel, tel qu'il a été envisagé jusqu'à présent, réside dans ce face-à-face du sujet avec lui-même, seul dans la mise à l'épreuve de ses croyances et conceptions. Le sujet se considère alors objet d'observation, comme si, momentanément, il observait quelqu'un d'autre. Cela modifie grandement le rapport à soi-même. Si l'altérité découverte dans cette introspection prend la forme d'une profonde remise en question — qui peut aller jusqu'à une sorte d'égarement —, on peut se demander si, de la même manière, la rencontre avec autrui ne peut pas modifier de manière décisive mon rapport à moi-même. Intervient alors la notion de prise de conscience. Dans quelle mesure l'autre peut-il se présenter comme vecteur d'une maîtrise de moi-même ? Comment s'opère cette intériorisation des conseils ou des ordres d'autrui ? Quelles sont les limites d'une telle obéissance ?

D'ordinaire, les relations que nous avons avec les autres sont dissymétriques. En effet, nous considérons souvent les autres selon nos besoins et désirs. Mais, dans l'attitude que nous visons ici, nous nous devons d'être attentifs à l'autre en recherchant un échange où chacun donne autant que ce qu'il reçoit. Il s'agit donc, à l'intérieur d'une relation initialement dissymétrique, de modifier ce qui peut l'être pour effacer la dissymétrie. Il s'agit, par une parole de vérité, de transformer quelque chose qui ne relève pas seulement du domaine du savoir, mais également de celui du comportement. Pour ce qui relève des choses profondes, on doit les partager la plupart du temps. Je pense à l'amour, à l'amitié, à la conversation. Comme le dit Deleuze, « plus je dis je, moins je parle en mon nom ».

Prenons garde précisément à ce qui nous semble être de petites choses ; ne les perdons pas de vue, ne les méprisons pas. Ce que nous nommons « petites choses » sont quelquefois des éléments de notre vie et de notre identité que nous avons minimisés à tort. Chacun connaît le sentiment d'avoir oublié quelque chose dans sa vie consciente, quelque chose qui est resté en route et qui n'a pas été tiré au clair. C'est pour cela que, confusément, nous sommes conscients qu'un détail qui nous échappe possède une importance cruciale.

Prenons garde, de même, de ne rien capturer à tort, par des paroles plus ou moins futiles, des gestes ou des regards. « Je te dis, tu me dis, il me dit», nous sommes les otages les uns des autres, nous acquiesçons secrètement à cette prise d'otage. Pour se rassurer, l'être humain regarde volontiers autrui, s'y compare, s'en empare.

Quand l'homme commence à prendre contact avec son intériorité et se pose des questions fondamentales, une grande étape de sa démarche personnelle est accomplie. Dans cette matière, il n'est pas nécessaire de viser la perfection; au contraire, il faut plutôt tenter tout de même de préserver une certaine distance dans tout ce que l'on entreprend. Une toute petite idée confuse peut se révéler plus importante qu'une idée brillante de clarté.

Après toutes ces considérations, il est temps de se dire à soi-même : «Emmène-moi.» Cela n'est pas seulement un cri d'enfant. C'est un souhait d'expansion, de transformation totale. Prenons le large, partons, oublions, ne serait-ce qu'une minute, qu'une heure, qu'une journée. Je propose que nous nous accordions une année, à partir de maintenant, pour explorer des espaces inconnus, des événements oubliés, des lectures qui corrigent. Permettons-nous un peu d'ennui, beaucoup de silences et le risque du ridicule.

Ce n'est pas tant le défi qui compte que la perception que nous en avons. Soyons fidèles aux rêves de l'enfance. Soyons fidèles à la solitude et à la peur, lorsque celles-ci nous mènent à bon port. N'ayons crainte d'avouer notre ignorance de ce monde lorsque c'est le cas. Opter pour l'aventure, c'est se diriger droit devant. «Allez devant vous», conseillait Bossuet. La marche en avant implique l'écoute des injonctions qui proviennent de l'intériorité. La confrontation avec cette intériorité peut donner le vertige, en raison de sa profondeur. C'est pourquoi il est bon d'entrer en contact avec elle dans le silence et la solitude. En raison de sa complexité, la recherche de soi se fait, le plus fréquemment, à tâtons. Certes, elle comporte ces éclairs lumineux, mais l'espace entre ceux-ci apparaît souvent obscur. Celui qui part à la recherche de lui-même, semblable à un pèlerin, se voue à un long parcours. Il ignorera le repos. Il lui faudra constamment adapter son regard.

Il arrive un instant où tout peut s'inverser. Dans la mesure où l'homme progresse, une décision à laquelle il donnait précédemment son assentiment doit être révisée. Pascal avait déjà affirmé: «Notre nature est dans le mouvement. » « Ce qui marque les temps forts et les temps faibles d'une destinée, écrit François Mauriac, c'est l'accord ou le désaccord avec soi-même. »

Sans solitude, sans épreuve du temps et du silence, sans hésitations, sans vacillements dans la peur, sans errance devant l'invisible, sans mémoire de l'animalité, sans mélancolie, la joie véritable ne peut être conquise.

Très grand génie est celui qui accueille tout, qui sait s'adapter à tout, sans faire le moindre tort au fond particulier que l'on nomme *caractère*, mais, au contraire, en l'exaltant et en l'améliorant. Le talent ne fait qu'indiquer la profondeur d'un caractère, caractère s'exprimant dans un travail ou dans des occupations particulières. De la seule intelligence, il n'est jamais rien sorti d'intelligent et de la seule raison, il n'est jamais rien sorti de raisonnable. Se libérer de ses entraves, voilà ce qui redonne à chacun sa jeunesse !

Avoir l'esprit jeune, c'est être spontané, c'est se trouver proche des sources de la vie, c'est pouvoir se dresser et secouer les chaînes des habitudes, c'est oser s'embarquer dans des projets que d'autres n'ont pas eu le courage d'entreprendre ; en somme, c'est se replonger facilement dans la nouveauté. Félicitons-nous lorsque nous avons fait quelque action étrange ou extravagante qui a, pour un moment, brisé la monotonie des habitudes quotidiennes. Pour reprendre les propos d'Edgar Allan Poe : « Ceux qui rêvent de jour ont conscience de bien des choses qui échappent à ceux qui rêvent seulement la nuit. »

Prendre une décision est une belle chose, mais le principe fécond, le vrai principe artistique, c'est de se mettre à l'épreuve : aplanir les difficultés du confortable, bousculer les habitudes acquises, renouveler les gestes, chercher des mots neufs, ne pas se laisser empêcher, rebondir dans la défaite, réapprendre à dire non et à dire oui. Mieux vaut agir, quitte à s'en repentir, que de se repentir de n'avoir rien fait.

Si notre idéal ne nous inspire pas le sacrifice de notre vie, il n'est pas digne que nous nous efforcions de le répandre ou de l'imposer aux autres. Il nous arrive, bien sûr, de perdre de vue ce qui doit constituer notre vrai désir : celui de cesser de vivre exclusivement pour nous-mêmes.

J'aime profondément l'affirmation suivante du réalisateur Roman Polanski : « Il est aussi absurde de regretter le passé que d'organiser l'avenir. » Cette phrase soulage ; elle apporte un réconfort certain à la pensée qui cherche, à la vie elle-même. Vivre véritablement, voilà ma devise. Il ne faut pas vouloir être « au-dessus » des choses. Il faut désirer « être dedans » la vie. Plutôt que vouloir savoir pourquoi on vit, il faut vouloir vivre. Il y a des expériences envers lesquelles il vaut mieux prendre ses distances, dont il vaut mieux ne pas tout se rappeler. Dans ces cas, laissons tomber un peu, passionnément, la mémoire, qui est chose plus dangereuse que l'imagination.

Il suffit d'exister par soi-même pour être complet. Provoquer les circonstances, assouplir les conventions, conquérir un peu d'autonomie par rapport aux contraintes qui s'exercent sur nous : voilà, des invitations qui provoquent de nouvelles responsabilités, de nouvelles attitudes, de nouvelles actions, de nouvelles rencontres. Et il faut garder à l'esprit que la chose la plus importante, ce n'est pas le nombre d'idées rassemblées, c'est le lien qui les unit.

Retrouver l'innocence et la tendresse

Considérons le sentiment qu'est l'amour. Parfois, l'humanité paraît être constituée d'êtres sauvages régis par des rites, des habitudes et des compromis. Il y règne le faux-semblant et le brouhaha. L'homme, pour sa part, se perd dans des luttes pour contenir les autres ou pour se défaire de leur présence, pour contrecarrer l'influence qu'ils exercent, même absents. La femme, quant à elle, croit aux paroles qui dissipent la nuit. Elle s'endort en toute candeur, protégée par ce qui lui semble être un abri. Elle oublie qu'un élan vers autrui entraîne fréquemment la destruction plus ou moins rapide d'un songe.

On ne peut s'en tenir à ces images. Rien ne m'émeut plus que la femme ou l'homme qui croit encore aux autres, au pouvoir des mots sans artifices, à la douceur. Il en va de l'homme comme de la femme : ce qui compte vraiment, dans le rapport amoureux, c'est l'expérience sincèrement vécue — le geste approprié mais naturel qui ponctue la phrase, l'intonation qui tombe juste et le mot qui transforme, qui amorce et façonne des liens solides de confiance, des solidarités et des convictions communes.

Dans cette optique, la tendresse est une urgence morale, un acte de complicité. Il faut cependant s'interroger : suffit-il de se donner de la tendresse afin d'avoir de la joie ? Aussi paradoxal que cela puisse paraître, cela n'a rien d'évident. Les raisons en sont multiples.

La tendresse naît souvent de la solitude ; elle est donc à la fois dépendance et douleur. Dépendance, parce qu'elle est liée à l'objet qui lui permettra de combler un manque. Douleur, parce qu'il y a toujours une tension dans un soulagement qui succède à un manque.

Ainsi, la tendresse est souvent liée non pas tant au fait d'aimer qu'à celui d'être aimé en recevant toutes sortes d'attentions. D'où la fascination que la tendresse exerce. Il y a beaucoup d'égoïsme dans les plaisirs de l'amour. Plus que le plaisir, la tendresse tend aux liens solides, puisqu'elle résulte, en général, d'un manque. Cela commence bien avant les paroles. Dans le regard, on voit l'espérance de l'autre. L'expression non verbale multiplie les avances de rapprochement. Le ton de la voix ralentit le temps. Les expressions de la tendresse signifient : « Je me confie à toi et te donne mon existence. » Et, lorsque ces mots représentent réellement un don ultime de soi, lorsqu'ils constituent une sorte d'offrande, ils traduisent un respect envers l'autre. Tendresse et caresse, voilà deux termes qui, dans ce contexte, reflètent la même réalité. La tendresse n'est pas une connaissance de l'être, mais son respect. La caresse n'est ni pouvoir ni violence. Elle n'est pas fusion, mais elle préserve les deux entités. Il faut être deux pour qu'il puisse y avoir relation.

La volupté bien comprise correspond à l'art d'user des plaisirs avec délicatesse et d'y goûter avec égards. Cet art doit consister en une pratique morale et une expérience vers laquelle il faut tendre. La conversation, le partage, l'échange et la découverte sont de l'ordre de cette volupté, à condition que soient toujours respectées les règles de l'harmonie et du souci des autres.

« J'ai peu de choses, mais j'ai la paix », dit un paysan dans le livre de Jean Blondel (*Des hommes tels qu'ils sont et doivent être*, 1758). En fait, seule une vie honnête permet d'aplanir les aspérités de la vie sans détourner des joies vraies comme tenter de faire plaisir, rire, regarder le visage de l'autre, admirer la nature.

Bien sûr qu'il y a de la douleur, il y en aura toujours. Il faut éviter de tomber dans le piège du fatalisme. L'humanité se divise en deux types : ceux qui ne font que regarder et ceux qui veulent changer les choses. Je crois en ceux qui ne se contentent pas de ressentir, en ceux qui se révoltent et qui se mettent, par là même, en « danger ». Si on se garde de bouger, quitte à ce que notre geste se limite à un cri, on risque fort de ne jamais atteindre le bonheur.

Parmi tout ce qu'il est possible de concevoir dans le monde, il n'est rien qui puisse d'emblée être tenu pour bon, si ce n'est la bonne volonté. Si nous n'espérons en rien et si le matin ne nous convie pas à de nouvelles joies, est-ce bien la peine de sortir du lit ? Si nous prenons la vie avec un excès de sévérité, quel attrait peut-elle avoir ?

Je crois aux circonstances favorables qui se présentent aux gens de bonne volonté, ceux qui sont en accord avec eux-mêmes et leur entourage. Pour ceux qui ont envie que les choses arrivent et qui ne se contentent pas de les espérer, tout finit par arriver, tôt ou tard.

Bibliographie

ANDRÉ, Christophe. *Vivre heureux*, Paris, Odile Jacob, 2003.

BATAILLE, Georges. *L'érotisme*, Paris, Minuit, 1957.

BAUDRILLARD, Jean. *Le pacte de lucidité ou l'intelligence du mal*, Paris, Galilée, 2004.

BECK, Ulrich. *La société du risque*, traduit de l'allemand par Laure Bernardi, Paris, Flammarion, 1986.

BERTHOZ, Alain. *La Décision*, Paris, Odile Jacob, 2003.

BINDÉ, Jérôme (sous la direction de). *Où vont les valeurs ?* Entretiens du XXIe siècle, Paris, Éditions Unesco, Albin Michel, 2004.

BLOCH, Ernst. *Traces*, Paris, Gallimard, 1968.

BOBIN, Christian. *Le Très-Bas*, Paris, Gallimard, 1992.

BRUCKNER, Pascal. *Les voleurs de beauté*, Paris, Grasset, 1997.

COMBAZ, Christian. *Une heure avant l'éternité*, Paris, Fayard, 2001.

COURTEMANCHE, Gil. *La Seconde Révolution tranquille*, Paris, Boréal, 2003.

CSIKSZENTMIHALYI, Mihaly. *Vivre*, Paris, Robert Laffont, 2004.

FOUCAULT, Michel. *La volonté de savoir*, Paris, Gallimard, 1975.

GAUCHET, Marcel. *La condition historique*, Paris, Stock, 2003.

GAVALDA, Anna. *Je voudrais que quelqu'un m'attende quelque part*, Paris, La Dilettante, 1999.

GELPI, Ettore. *Travail et Mondialisation*, Paris, L'Harmattan, 2003.

GODIN, Christian. *La fin de l'humanité*, Paris, Champ Vallon, 2003.

GUILLEBAUD, Jean-Claude. *Le goût de l'avenir*, Paris, Seuil, 2003.

ILLICH, Ivan. *La perte des sens*, Paris, Fayard, 2004.

KUNDERA, Milan. *L'ignorance*, Paris, Gallimard, 2003.

LACROIX, Anne et MALHERBE, Jean-François. *L'éthique à l'ère du soupçon*, Montréal, Liber, 2003.

LACROIX, Michel. *Le courage réinventé*, Paris, Flammarion, 2003.

LACROIX, Michel. *Le Culte de l'Émotion*, Paris, Flammarion, 2001.

LIPOTVETSKY, Gilles. *Les temps hypermodernes*, Paris, Grasset, 2004.

LORENZ, Konrad. *L'Homme en péril*, trad. J. Étoré, Paris, Flammarion, 1985.

MAFFESOLI, Michel. *La part du diable*, Paris, Flammarion, 2002.

MERLEAU-PONTY, Maurice. *Phénoménologie de la perception*, Paris, Gallimard, 1985.

NIETZSCHE, Friedrich. *Humain, trop humain*, Paris, Gallimard, 1968.

RÉVIDI-HARRUS, Gisèle. *Parents immatures et enfants-adultes*, Paris, Payot, 2001.

RICOEUR, Paul. *Finitude et culpabilité*, Paris, Aubier, 1950, 1988.

ROUSTANG, François. *Il suffit d'un geste*, Paris, Odile Jacob, 2003.

SAUL, John. *Vers l'équilibre*, Paris, Payot, 2003.

SLOTERDIJK, Peter. *Critique de la raison cynique*, Paris, Bourgois, 1987.

TAYLOR, Charles. *Le malaise de la modernité*, Paris, Les éditions du Cerf, 2002.

VIZINCZEY, Stephen. *Éloge des femmes mûres*, Paris, Du Rocher, 2001.

VIZINCZEY, Stephen. *Un millionnaire innocent*, Paris, Du Rocher, 2003.

WATZLAWICK, Paul. *Changements, paradoxes et psychothérapie*, Paris, Seuil, 1975.

Table des matières

Pour faire parvenir vos commentaires à l'auteur :

Carol Allain
200, avenue des Sommets
bureau 1106, Verdun (Québec)
H3E 2B4

Vous pouvez également le contacter sur le site www.carolallain.com.

Achevé d'imprimer au Canada
sur les presses des Imprimeries Transcontinental Inc.